古史密碼之舜

Shùn: A Complete Story

周 顯

目　　錄

有莘氏

禘

媵婚

高禖

高與句

舜

0. 系列總序

本系列是我對古史的讀書筆記。

我喜歡研究上古史，皆因像砌圖，又像猜謎，屬智力遊戲。然而，其他人寫的上古史著作卻令我不滿：有的太專業，只寫重點，沒有上文下理。有的故作專業而不專業，引文亂來，查無實據。有的太過商業，有白話而無原文，頗為肯定部分是虛構，或者是來自不可信的資料。最大的缺點是，作者往往搞不清當時的典章制度，不是錯譯了，就是乾脆不理，原文照搬。

既然不滿，唯有自己動手去做。由於企圖窮盡，多年下來，電腦積存了大量剪貼，這是大加法。為了減輕負重，唯有把資料整理，寫成書，來一個大減法。通常，在寫成書之後，我會忘掉所有的內容，自我為腦袋減輕輜重，令我想起《莊子 • 大宗師》說的「坐忘」。

因為忘記了，所以我最喜歡看自己寫的書：我寫書的目的，正是為了寫自己喜歡的書給自己看。也因不想重覆一次找資料的過程，因此把所有我覺得有價值的資料統統寫在書上，餘皆在電腦刪掉。

1. 說明

閱讀本書之前，得先有一個基本認識，就是黃河文化史在商朝晚期之前，只有發掘出的考古文物，卻並沒有找到當時的文字。因此，我們只知道早在距今八千年前或更早，黃河流域的不同地區，已存在人類聚居的城市，以及不同程度的文明，然而，那些在中國古籍中明確記載的著名君主，是否真正存在，又或者是，其人雖然存在，但其事有部分、甚至全部是杜撰，卻是沒有人可以完全肯定，或完全否定。

作者相信，舜真有其人，除此基本事實，其事蹟卻泰半是歪曲、杜撰。然而，縱是歪曲和杜撰，其虛構出來的故事，後世也會一而再、再而三的繼續歪曲、杜撰下去，這是沒完沒了的過程。因此，本書的寫作目的，就是盡量還原舜的故事：不管是真是假，都假定是真，這就像一眾紅學專家，把一本《紅樓夢》的人物和故事翻來覆去的研究，好像其書寫的是真人故事。這也正加猶太人研究《聖經》所載的故事，俱都當作信史。無他，舜的故事在中國流傳了幾千年，不管是真是假，都有研究的必要。

有關上古史的資料，既少又亂，而且甚多荒唐怪誕、互相矛盾，因此，本書同時採用古籍原文、考古資料、科學方法等等，來作並列、分析，很多時，並無法給出確實的答案，但至少可加深讀者對此主題的認識。

2. 斷代

現時國內不少研究，把舜的生卒年份訂為生於西元前

2475年，卒於西元前2395年。

技術上，這是從已知求未知：把已知道的君主世系年份，往上推，從而推出更早的君主的生卒年。這當然絕不可信，也無此必要。別說是上古君主，就是近世的君主，往往也是只知其卒年，以及統治年份，而不知其生年。

不過，研究這位上古君主，怎也該知道他的大概活動年份。總之，舜大約是距今四千五百年前的人物，由於記載不齊全，上下誤差可能高達數百年。

3. 舜的名字

很明顯，大舜的「大」字是尊稱，這好比日文的「御」，又好比古代氏族如有虞氏的「有」，後面會講這些古代的尊稱，不贅。

這些古代的君主，只有舜和禹兩位，是冠以「大」字，這顯然有著一脈相承的關係。在舜之前的堯，並沒冠以「大」字。黃帝時代有「大撓氏」，但應和堯無關。合理推測，這個「大」字應是「舜」的發明，這也許是因為「舜」既然「大」了，後世的「禹」非得也「大」不可，這正如秦始皇是首位稱為「皇帝」的君主，後世的所有君主也就依循，稱為「皇帝」了。

從另一角度看，很多時，舜只是簡稱為「舜」，不一定叫作「大舜」，相比之下，禹被叫作「大禹」的頻率，高得太多。這究竟會不會是先有「大禹」這尊稱，再追封上一代的君主為大舜呢？這正如周武王在推翻商朝之後，追封其父親為「周文王」，儘管這「周文王」從來沒有當過「王」。我不過是提出一假設，大家也大可憑據這基本知識，提出無數不同的假設。

有一點是肯定的，就是無論是堯、舜、禹，在早期文字的記載，不過是一個圖形，也即是「圖法」，沒有「大」字前綴。因此，縱有大舜、大禹的説法，也不過是口頭傳承，也不知初始是在甚麼時候。

還有另一點肯定，就是現時使用的語言系統，都是周朝時代的產物。不同的地方對相同的人和物往往有不同的稱呼，例如説，伊斯蘭教把基督教的耶穌叫作「爾薩」，英文把德國「Deutsch」叫作「Germany」，我們先不知在舜的時代的地點，他是不是叫作「舜」，也不知究竟有沒有「大」這尊稱。

4. 堯、舜、禹一系

司馬遷在《史記 • 五帝本紀》指出，堯、舜、禹都是黃帝的後代：

自黃帝至舜、禹，皆同姓而異其國號，以章明德。故黃帝為有熊，帝顓頊為高陽，帝嚳為高辛，帝堯為陶唐，帝舜為有虞。帝禹為夏后而別氏，姓姒氏。契為商，姓『子氏』。棄為周，姓『姬氏』。

華夏文明的祖先源流錯綜複雜，我有另書撰述。不過，就現時的文獻和考古資料所得知，堯、舜、禹應是同一體系，黃帝、炎帝又是另一體系，兩者屬於不同的脈絡，在周朝時被整合成一塊，這也是另一本書的內容，本書不贅。

5. 舜的壽命

前述的近人計算，舜生於西元前 2475年，卒於西元前 2395年，即享年 80歲。

《史記 • 五帝本紀》說：「**舜年二十以孝聞，年三十堯舉之，年五十攝行天子事，年五十八堯崩，年六十一代堯踐帝位。踐帝位三十九年，南巡狩，崩於蒼梧之野。**」計算上來，活了 100歲。

《竹書紀年》說在帝堯七十一年：「命二女嬪於舜。」在帝堯一百年：「帝陟于陶。」其後由舜繼位，在「帝舜有虞五十年」條記：「帝陟。」

換言之，舜在結婚後 79年，才去世，他究竟有多長壽命？這就得看他的結婚年齡了。

中國三千多年的信史，共有幾百個君主，最長壽的是乾隆，88歲，其次是梁武帝，85歲，武則天，81歲，宋高宗，80歲。活過 70歲的也只有 11個。以舜時期的生活條件，不可能比後世更長壽。現時史學界一般同意，舜不是一個人，而是同一朝代幾個君主的合稱。

這並非特例，秦始皇的正稱是「始皇帝」，其繼位者叫「二世皇帝」，其實皆叫作「皇帝」。二戰和朝鮮戰爭時的名將麥克阿瑟，其父親和祖父的名字均叫作「Arthur」。現時普遍認為，堯、禹、黃帝、炎帝等，均是由不同人冠上同一名字。

這其實很好理解：成就非凡的君主是優良的品牌，後代如不好好利用這品牌效應，就是笨蛋。再說，古時交通不便，信息交流也不暢，其他地方的人可不管究竟是誰在當這裏的君主，統稱為「舜」，或「禹」之類，這好比十八世紀時的歐洲人寫「中國皇帝」，都是統稱，可不管具體究竟是哪個皇帝，皆因連作者也分不清，更遑論是讀者了。

再說，正如前文講過，「舜」這名稱只是周朝的記錄，而非舜政權的官方記錄，也非當代當地的人民的記錄，甚至是多年下來的多重口傳之後，再用文字記錄，無法細分，也是理所當然的事。

6. 出生

《尚書緯 • 帝命驗》說：「姚氏縱華感樞。」鄭玄注：「**舜母感樞星之精而生舜重華。**」

「樞」指的是「天樞星」，是北斗七星的首星，也是大熊星座的第二亮星，英文叫「Dubhe」，拉丁文是「α Ursae Majoris」，縮寫為「Alpha Uma」，「或 α UMa」。

「縱」有「釋放」的意思，如唐朝的韓愈在《平淮西碑》寫：「凡蔡卒三萬五千，其不樂為兵，願歸為農者十九，悉縱之。」在這裏，則應解作「誕生」，好比英文的「release」。

所以，《尚書緯 • 帝命驗》那句話的意思，就是：「舜的母親感受到樞星的菁華而生下了舜。」

另一說法則說是舜的母親見到了「大的彩紅」之後，才生下他。如《河圖緯 • 著命》說：「女登見大虹，意感，生舜于姚墟。」

《帝王世紀》說：「**舜，姚姓也。其先出自顓頊。顓頊生窮蟬，窮蟬有子曰『敬康』，生勾芒。勾芒有子曰『橋牛』，橋牛生瞽瞍。妻曰『握登』，見大虹，意感而生舜于姚墟，故姓姚。**」

上文的「女登」和「握登」應是同一人。中國古史上，她是著名的女性、偉大的母親，非但生下了舜，而且也生下了不同年代、不同活動範圍的黃帝與炎帝，而且，在同一本《帝王世紀》中，也同時存在這自相矛盾的記載。我會另文專講「女登」。

古書記載君主出生時，往往有奇怪的自然現象，例如說，三國時吳國的官方史書《吳書》說在其開國皇帝孫權的父親孫堅出生時：「堅世仕吳，家于富春，葬於城東。冢上數有光怪，雲氣五色，上屬於天，曼延數里。衆皆往觀視。父老相謂曰：『是非凡氣，孫氏其興矣！』及母懷妊堅，夢腸出繞吳昌門，寤而懼之，以告鄰母。鄰母曰：『安知非吉徵也。』」

至於母親「感受」到某些事情而懷孕，也在所多見，例如說，《史記 • 周本紀》記載周人始祖「棄」的出生經過：「姜原出野，見巨人跡，心忻然說，欲踐之，踐之而身動如孕者。居期而生子……」

我忖測，這可能是古人雖然年紀小小便開始性行為，但是性行為和懷孕生子卻並不完全對等：可能有性行為而無子。因此，他們往往把懷孕生子，歸因於其他因素。這正如現代人也會求神祈子，成功懷孕後，把這歸因於神靈恩賜。

作家柏楊在上世紀六十年代，把所有的中國帝王出生時的祥端，整理出來，先在報章的專欄刊載，其後在 1965年結集成書，名為《鬼話連篇集》，七十年代再度出版，改名《亂做春夢集》。

7. 容貌

被附會為孔子九世孫孔鮒寫的《孔叢子》說：「**舜長六尺有奇，面頷無毛，亦聖也。**」羅泌在《路史 • 卷二十一》索性說：「舜長九尺」。

漢朝的董仲舒在《春秋繁露 • 三代改制質文》說舜身裁高大，圓臉：「**舜形體大上而員首，而明有二童子，性長於天文，純於孝慈。**」

《孝經 • 援神契》說他有一張大嘴巴：「**舜手握褒龍顏大口。**」當然不會有人知道「龍顏」的具體是甚麼，我們只聽過「龍顏大悦」，意即「皇帝的臉色」。

《尚書 • 帝命驗》說：「**虞舜聖在側陋，光曜顯都，握石椎，懷神珠。**」現時在中國各地的舜像有的有握柱，有的沒握，但懷裏的珠子當然看不出來，造像者可不用管。

8. 重瞳與重華

王充在《論衡 • 骨相》裏說：「**裡傳言黃帝龍顏，顓頊戴午，帝嚳駢齒，堯眉八采，舜目重瞳，禹耳三漏，湯臂再肘，文王四乳，武王望陽，周公背僂，皋陶馬口，孔子反羽。**」

《春秋緯 • 元命苞》說：「舜重瞳子，是謂『滋涼』，上應攝提，以象三光。」這裏的「滋涼」不知何意，看字面，應是「重瞳」的另一稱法。「攝提」的本意是「歲星」，也可指天干、地支等紀元方法。「三光」則是日、月、星的光芒。

《史記 • 項羽本紀》也有「舜目重瞳」的說法：

太史公曰：「**吾聞之周生曰：『舜目蓋重瞳子』。又聞項羽亦重瞳子，羽豈其苗裔耶？何興之暴也！**」

《尸子》把這叫作「兩眸子」：「舜兩眸子，是謂『重明』，作事成法，出言成章。」說的是這身體特徵使他做事更有條理，說話也更加令人信服。

人們企圖用科學方法去解釋，說這是「對子眼」，即是「斜視」，又有人說，這是白內障。

問題在於，這個小小的身體特徵，被提了又提，這應該是一件非常重要的事，但又看不出有何重要性。

9. 重華

《史記 • 五帝本紀》說：「**虞舜者，名曰：『重華』。**」**《史記正義》解釋道：「目重瞳子，故名『重華』。」**。

這說法指出，「重華」這名字的來歷就是他的重瞳。

「重華」的「華」字，有可能是「虞」字，後文會說到。

10. 圖法

我企圖用圖法去解釋「重瞳」的說法。

《說文解字》中的「舜」寫法是：

這其中的四點究竟是不是代表了四隻眼睛，不好說。但這顯然不無道理。《孝經緯 • 援神契》說：「**舜龍顏重瞳，大口，手握褎。**」以上這字，真有點像「褎」字。「褎」字本來是「長袍」的意思。

有人認為，舜是商朝的先祖，「商」和「舜」音近似，本是同字。後文會討論「商」和「舜」的關係。本節只講這兩個古字的相似度。

在商朝和周朝時期，「商」字有好些不同的寫法，其中好些在西周時代的寫法類以上的「舜」字，同時很明顯可看出有「四隻眼睛」：

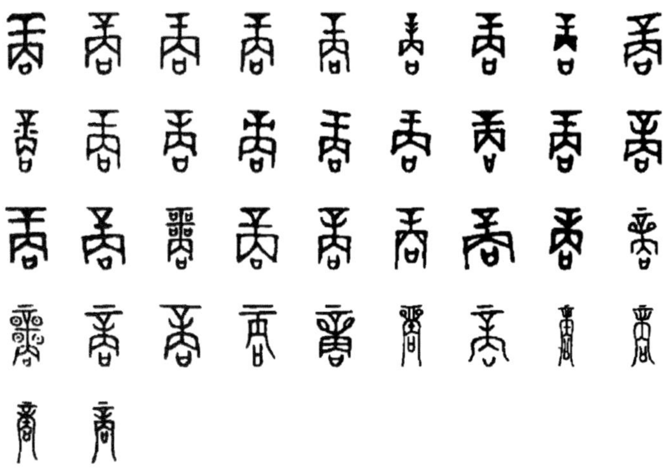

如果用語言去解釋這個「商」/「舜」字，就是「四隻

眼睛」，或者是「上下兩雙眼睛」，也即是「重瞳」。

11. 出身

《史記 • 五帝本紀》記載舜的出身：

虞舜者，名曰「重華」。重華父曰「瞽叟」，瞽叟父曰「橋牛」，橋牛父曰「句望」，句望父曰「敬康」，敬康父曰「窮蟬」，窮蟬父曰帝「顓頊」，顓頊父曰「昌意」：以至舜七世矣。

根據以上記載，舜是瑞項的七世孫，也即是黃帝的九世孫。我們先不去查證以上說法的真偽，事實上也沒法子去查證。不過，同是《史記 • 五帝本紀》說：「**帝嚳高辛者，黃帝之曾孫也……帝嚳娶陳鋒氏女，生放勛。娶娵訾氏女，生摯。帝嚳崩，而摯代立。帝摯立，不善（崩），而弟放勛立，是為帝堯。**」

如果同一書的兩段記載皆為真，則堯是黃帝的四世孫，他和舜兩人足足相差了五世，這是非常難以填補的時間差距。當然，如果堯和舜都是延續了不止一代的君主，則這年代差距就不難解釋了。

12. 窮蟬

據以上記載，舜是瑞項的後代，我會另書寫瑞項，這裏不贅。另一位有名的祖先叫「窮蟬」。

「窮蟬」這名字，在戰國時不題，直至漢朝，才有記載：《大戴禮記 • 帝系篇》說：「**顓頊產窮蟬。**」

司馬貞在《史記索隱》引用東漢學者宋衷的說法，指「窮蟬」不是其名字，而是其死後的謚號：「一云『窮係』，謚也。」謚號是對生前的評價，不過無論「窮蟬」或「窮係」，均不明其意思，更不知「窮」字只是音譯，抑或是意譯。

清末官員王廷贊是山東省泗水縣人，著有《泗志鉤沉》，這本書未有正式出版，僅在中國國家圖書館和山東省圖書館藏有抄本。根據這書的記載：「顓頊封其庶子窮蟬于姑幕。」這「姑幕」就是今日山東省日照市的莒縣。

前引的《帝王世紀》說得比較詳細：「**舜，姚姓也。其先出自顓頊。顓頊生窮蟬，窮蟬有子曰『敬康』，生勾芒。勾芒有子曰『橋牛』，橋牛生瞽瞍。妻曰『握登』，見大虹，意感而生舜于姚墟，故姓『姚』。**」

《淮南子・天文訓》的說法也差不多：「敬康產句芒、句芒產蟜牛、蟜牛產瞽叟、瞽叟產重華，是為『帝舜』。」

「句芒」也即是「勾芒」。我另外寫了一篇長文，專講「句芒」，附錄在本書後面：這是一個以靈媒為專業的氏族，又寫作「高楳」。換言之，舜的先祖曾經當過靈媒。

13. 庶人

《史記・五帝本紀》說：「**自從窮蟬以至帝舜，皆微為庶人。**」

相比起其他的共主或帝王，本來均是部落首領，大舜卻是平民出身，這在古代的記載，是史無前例的。雖是平民出身，但根據上文的說法，他也是皇室後裔，只是世系太遠，迭代退化，變成了平民而已。這好比劉備也是劉邦的後人，但少年窮苦，曾以織蓆販履為生。

當然更有可能是，這世系也是杜撰的，正如南宋時，有一個叫「林可山」的文人，他寫過幾本書，留傳至今世，如《西湖衣缽集》、《文房圖贊》、《山家清事》、《山家清供》等。他在家譜上寫自己是北宋時林逋的七代嫡孫。林逋就是以「梅妻鶴子」和詩句「疏影横斜水清淺，暗香浮動月黃昏」留芳後世的名士。可惜的是，《林和靖先生詩集序》說了：「先生少時多病，不娶，無子。」既然林逋無子，林可山的七世先祖也必然是杜撰。

如果說，舜是好幾代君主的合稱，那麼，指的就是首任的舜是個庶人，其後繼任的舜依然是君主。

注意：上古時所謂的「庶人」，和今日的含意完全不同。當時一個霸權的中央統治人口，不過是幾萬人。一個氏族的聚居人口是幾千人，甚至只有幾百人，這相等現代一條村莊的人口。1993年，中國的馬田村和井崗村發生武裝衝突戰爭，雙方一共動員了超過五千人，動用各式火炮近百門，槍支五十多，炸藥二百三十斤，雷管二千根，死亡人數超過五百人，是為「馬井格勒戰役」。這場村落械鬥涉及的人口規模，在上古時代，相當於一場霸權之戰，甚至是世界大戰。

此外，當時的聚居形式，主要是同一家族的血緣人口聚居，或者還有好些奴隸，就像幾十年前香港的圍村，根本不存在一個貴族階層。縱然村長是父子承繼，然而沒有承繼權的庶子，和其他的普通村民，在身份地位上並無分別。因此，舜之被記載為「庶人」，也應作如是解。

14. 出身地

《史記 • 五帝本紀》說：「**舜，冀州之人也。舜耕歷山，漁雷澤，陶河濱，作什器於壽丘，就時於負夏。**」

《管子 • 版法解》說：「**舜耕曆山，陶河濱，漁雷澤，不取其利，以教百姓，百姓舉利之。此所謂：『能以所不利利人者也』**。」

《呂氏春秋 • 慎人》說：「**夫舜遇堯，天也。舜耕于曆山，陶於河濱，釣于雷澤，天下說之，秀士從之，人也。**」

《墨子 • 尚賢中》說：「**古者舜耕歷山，陶河瀕，漁雷澤，堯得之服澤之陽，舉以為天子，與接天下之政，治天下之民。**」《墨子 • 尚賢下》又說：「**是故昔者舜耕於歷山，陶於河瀕，漁於雷澤，灰於常陽。**」這裏的「灰」應是「販」的意思。

「冀州」是黃河文化的中心，大致上位於河北省南部，河南省北部。

「歷山」位於山西省翼城、垣曲、陽城、沁水四縣交界處，現時是一個自然保護區，稱為「歷山自然保護區」，佔地 24,800公頃。該保護區現有一個景局區，名叫「舜王坪」，據說就是舜耕種的地方。

今日還有一個「大歷山」，位安徽省東至縣堯渡鎮，也說是舜的耕作之地，因此又稱為「舜耕山」。據說，堯乘船順水至大曆山訪舜，這條河因而叫「堯渡河」，這地區稱為

「堯舜文化景區」，不過，這裏好像遠離了堯、舜的活動範圍，可信程度不高。

「雷澤」位於在山東省菏澤市鄄城境內的閻什鎮，這也是伏羲氏的主要活動範團之一，在當時，是文明程度極高的地區。這當然有其地理上的優勢，但應放在本系列伏羲氏的專門部分討論，這裏不重覆。

「陶」指的是製作陶器。在新石器時代，用泥土製造出來的陶器是必需品，精美的則是高級消費品，也是高科技產品。「河」是「黃河」。這裏指的是「用黃河灘邊的泥料來製造陶器」。每處地方的泥土所含的礦物質都不完全相同，黃河的特別適合作陶器，直至今天，「黃河泥陶」仍然是中國陶器中最高級的用料。

《世本》索性說製陶是由舜發明的：「**舜始陶，夏臣昆吾更增加也。**」後一句的補充，是指在舜發明了陶器製作工藝之後，夏朝的臣子昆吾在原有基礎上作出改進。

為甚麼有這補充呢？皆因昆吾是傳統說法的製陶的發明人，所以必須自圓其說。《呂氏春秋》說：「黃帝有陶正，昆吾作陶。」這裏說昆吾是黃帝時的人。不過，昆吾應是族名，代代相傳。

昆吾國位於今日山西省南部的運城市。這是傳說中的夏朝首都所在，後來周朝的虞國就是在此。因此，說昆吾是「夏臣」，也未始沒有根據。

「什器」指的是生產用具或生活器物，「什」是「十」，「什器」等於今日說的「百貨」。壽丘位於今日山東省曲阜城東北四公里的舊縣村東的，據說，這也是黃帝的誕生地。忐說明瞭地指出，舜集團的陶器生產線的原材料出產地和製作工場位於不同地方，意即有著明確的分工。

有一點不容忽視，就是堯的氏族被稱為「陶唐氏」，堯的政權也稱為「陶唐」，而其所在地一般相信是在 1978年被發掘的「陶寺遺址」。究竟陶器在堯政權的地位有多重要，尚待考證。

「負夏」位於山東省垣曲新城北45公里的原同善鎮遺址，另有是位於東兗州、河南濮陽、洛陽東南的汝州附近等不同說法。「乘時」的字面意思是「乘著時機」，有點兒「投機」的意思，即是「高位出貨」。在這裏的意思，是「在負夏這地方售賣產品」。

司馬貞在《史記索隱》引《尚書大傳》說舜：「**販於頓丘，就時負夏。**」這裏的「頓丘」指的是今日河南省浚縣的屯子鎮，它是衛河的重要渡口，從古以來，就是各種物資的集散轉運的場所，故取名「屯子」，因「屯」字本身有「聚集」的意思，如「囤積」。也可解作「渡口」，如香港有地名「屯門」，十九世紀，英國人在中國販賣鴉片，即以屯門為貿易港。

舜既然可以「販於頓丘，就時負夏」，也即是說，是個貿易商。直至今天，貿易和武力一直是掛鈎的，商人用武力去保護貿易的安全性，當對手的實力太弱，往往以搶劫作交替方式以取得貨品。史書既然特別提到舜的「就時」，相信這應是他的主要產業。當然，他還是陶器的大廠商。

《孟子 • 離婁下》說：「**舜生於諸馮，遷於負夏，卒於鳴條。**」這是唯一的關於「諸馮」的記載。

現時對於這地方，一共有三個說法：一是山東省諸城市北部的舜王街道，有諸馮村，其地有舜廟。明朝陳組綬撰寫的《皇明職方南京十三省地圖表》的「諸城」條下有注云：「舜生處」。

二是山東省菏澤市。這又有兩個說法，一是其西北五十里原有諸馮村。明朝的《嘉靖山東通志》卷二十二《古跡》說：「**諸馮，在曹縣西北五十里，相傳舜生之地。今按其地與姚虛相去不遠，恐或然也。**」另一說是在菏澤縣南五十里，清朝官修的地理志《大清一統志》說：「**諸馮，在菏澤縣南五十里，相傳即舜生處。**」

三是山西省垣曲縣諸馮山下，該縣被稱為「舜鄉」，或「帝舜故里」。清朝的顧祖禹在《讀史方輿紀要》卷四十一《山西三 • 平陽府》說：「**諸馮山，在（垣曲）縣東北四十里。**」

無論哪種說法，「生於諸馮」和《史記 • 五帝本紀》記載的「舜，冀州之人也」並不相符。如果要把「諸馮」和「冀州」融合起來，也大可以說，「生於諸馮」也可以同時是「冀州之人」。正如我祖籍廣東省南海市，祖父年輕時到了澳門謀生，父親在中學畢業後，也來香港工作，我的哥哥和兩個姐姐，都是在澳門出生，香港長大，我則是香港出生，香港長大。所以，我可以被說成是「南海之人」，或「澳門之人」，不過卻是「生於香港」。

無論是哪種説法，舜的主要活動範圍是在山東省，正是東夷的大本營，因此，舜被公認為東夷人。前引《孟子 • 離婁下》在「舜生於諸馮，遷於負夏，卒於鳴條」的下一句正是「東夷之人也」。

15. 受堯賞識

《史記 • 五帝本紀》説：「**舜年二十以孝聞。三十而帝堯問可用者，四岳咸薦虞舜，曰可。於是堯乃以二女妻舜以觀其內，使九男與處以觀其外。舜居媯汭，內行彌謹。堯二女不敢以貴驕事舜親戚，甚有婦道。堯九男皆益篤。**」

郭店楚簡《窮達以時》也説：「舜耕於鬲山，陶埏於河滸，立而為天子，遇堯也。」

「埏」是一個動詞，意即「水混和泥」，即是「製陶的過程」。「滸」是「水邊」，相信沒有人沒聽過《水滸傳》。

出土的《容成子》把堯賞識及提拔舜的故事，説得有點像後世劉備對諸葛亮的「三顧草蘆」：

説昔舜耕於歷丘，陶於河濱，漁於雷澤，孝養父母，以善其親，乃及邦子。堯聞之而美其行。堯於是乎為車十又五乘，以三從舜於畎畝之中。舜於是乎始免蓺（笠）、幵（肩）耨萎（鍤），（藉）而坐之子。堯南面，舜北面，舜於是乎始語堯天地人民之道。與之言政，敓（率）簡以行；與之言樂，敓（率）和以長；與之言禮，敓（率）故（溥）而不逆。堯乃悅。

《清華簡 • 寶訓》的內容是周文王，即「西伯昌」臨終之時，向兒子周武王，即「太子發」講述訓勉，便是以舜因努力而被堯賞識的故事來作例子：

昔舜舊作小人，親耕於曆丘，恐求中，自稽厥志，不違于庶萬姓之多欲。厥有施於上下遠邇，乃易位邇稽，測陰陽之物，咸順不逆。舜既得中，言不易實變名，身茲備惟允，翼翼不懈，用作三降之德。帝堯嘉之，用受厥緒。

嗚呼！發，祗之哉！昔微假中於河，以複有易，有易服厥罪，微無害，乃歸中於河。微志弗忘，傳貽子孫，至於成唐，祗備不懈，用受大命。

《太平御覽》卷八一引西漢學者公孫弘的說法，則是舜的努力之地不在歷山，而在黃河邊：「舜牧羊於黃河，遇堯，舉為天子。」

與別不同的地方，一是無端端出現了「牧羊」。雖然舜的確在黃河邊生活過，但其他地方的說法可不是牧羊，而是製造陶器。二是舜直接遇上了堯，而不是由四岳來推薦，三是這寫法好像是兩人一遇上，堯便直接找舜做天子，這可未免簡略得令人可能有誤會。為了盡量鉅細無遺，姑妄把公孫弘此說錄之。

16. 四岳

上文說到，向堯推薦舜的，是「四岳」。四岳究竟是誰呢？

《國語 • 周語下》說四岳是共工的從孫：「**其後伯禹念前之非度，釐改制量，象物天地，比類百則，儀之于民，而**

度之于群生，共之從孫四岳佐之，」

「共工」就是傳說中的水神，我有專文講這題目。「從孫」則是親兄弟的孫子，或堂兄弟的兒子。

孔安國在《史記集解》則說：「四岳，即上羲和四子也。分掌四岳之諸侯，故稱焉。」

「羲和」是堯時的天文官，《尚書 • 堯典》說「乃命羲和，欽若昊天，曆象日月星辰，敬授民時。」

《尚書 • 堯典》又記載：

分命羲仲，宅嵎夷，曰「暘谷」。寅賓出日，平秩東作。日中，星鳥，以殷仲春。厥民析，鳥獸孳尾。申命羲叔，宅南交。平秩南訛，敬致日永，星火，以正仲夏。厥民因，鳥獸希革。分命和仲，宅西，曰「昧谷」。寅餞納日，平秩西成。宵中，星虛，以殷仲秋。厥民夷，鳥獸毛毨。申命和叔，宅朔方，曰「幽都」。平在朔易。

「寅餞納日」指的是「向夕陽告別」，是一種儀式，同前文的「敬致日永，星火」相對。

一般認為，這羲仲、羲叔、和仲、和叔是羲和的兒子或後人。上引孔安國的說法，「四岳」就是此四人。

司馬遷說「四岳咸薦虞舜」，這個「咸」字，即是「全部」的意思。這代表了他也認為「四岳」是四個人。不過，也有一說法，說「四岳」是一個人。

明朝的博學人士袁仁寫的《尚書砭蔡編》說：**四岳者，四方諸侯之長。按《左傳》許為太岳之後，明矣。僉曰：「鯀哉。」其非一人，可知孔平仲乃謂『四岳為一人掌知四方之**

事』，而蔡《傳》因之謬矣。

這裏得作解釋。《堯典》的原文是：

帝曰：「咨！四岳，湯湯洪水方割，蕩蕩懷山襄陵，浩浩滔天。下民其咨，有能俾乂？」僉曰：「於！鯀哉。」帝曰：「吁！咈哉，方命圮族。」岳曰：「異哉！試可乃已。」

「僉」的意思是「眾口同聲說」。因為既有「僉曰」，又有「岳曰」，證明「岳」不是「眾口同聲」，從而旁證出「岳」是一個人。

話說蔡沈是南宋學者，為《尚書》寫注，名為《書經集傳》。袁仁寫的《尚書砭蔡編》就是寫來專門駁斥蔡注《尚書》的謬誤。孔平仲則是北宋人，孔子七十四代孫，他寫的《珩璜新論》，又名《孔氏雜說》，是一本讀史筆記，是第一個提出：「**吾嘗以四岳為一人，通二十二人之數。**」

這裏說的「二十二人」，指的是《尚書 • 舜典》提到他的手下有 22位重要官員：「**咨！汝二十有二人，欽哉！惟時亮天功。**」

在《舜典》中，提到了 9個重要官員的名字，分別是：伯禹作司空，棄為后稷，契作司徒，皋陶作士，垂為共工，益作朕虞，夔為典樂，龍為納言，俞作秩宗。此外，《尚書 • 舜典》中，舜還說過：「**咨，十有二牧！**」加起來，9位重要官員 +12牧 +1四岳 =22。

根據孔平仲諸人的說法，這 22名官員，同是四岳一人的下屬，換言之，四岳等於是堯政府一人以下的人物，宰相之類。

無論四岳是一人，還是四人，都必然是堯政府最重要的官員，甚至到了舜執政時，也不失其地位。《尚書 • 舜典》又說：「**舜格于文祖，詢于四岳，闢四門，明四目，達四聰。**」在這時，舜已經實質執政了，後文會講到「文祖」。

《史記 • 五帝本紀》也說：「**舜謂四岳曰：『有能奮庸美堯之事者，使居官相事？』皆曰：『伯禹為司空，可美帝功。』**」

不管「四岳」是一人還是四人，它是官職名稱，而不是人名。《尚書 • 周書》說：「唐虞稽古，建官惟百。內有百揆四岳，外有州、牧、侯伯。庶政惟和，萬國咸寧。夏商官倍，亦克用乂。明王立政，不惟其官，惟其人。」

《史記 • 齊太公世家》：「**太公望呂尚者，東海上人，其先祖嘗為四岳，佐禹平水土 ......**」這證明了，「四岳」這官職，從堯時一直延續到禹時。

不過，在《竹書紀年》的「帝堯陶唐氏」條記：「七十四年，虞舜初巡狩四岳。」在此，應解作「巡視四方」，或是「親自到場面見鎮守四方的地方官」。如此，則「四岳」又不會是一個人了。

《史記 • 五帝本紀》對同一事件，也記載說：「**歲二月，東巡狩，至於岱宗，柴，望秩於山川。遂見東方君長，合時月正日，同律度量衡，修五禮五玉三帛二生一死為摯，如五器，卒乃復。五月，南巡狩；八月，西巡狩；十一月，北巡狩：皆如初。**」

對照以上兩段，則「巡狩四岳」=「東巡狩」+「南巡狩」

+「西狩狩」+「北巡狩」，換言之，他們是鎮守四方的行政長官，相當於唐朝的節度使。

17. 孝順

《史記 • 五帝本紀》說：

舜父瞽叟盲，而舜母死，瞽叟更娶妻而生象，象傲。瞽叟愛後妻子，常欲殺舜，舜避逃；及有小過，則受罪。順事父及後母與弟，日以篤謹，匪有解。

舜父瞽叟頑，母嚚，弟象傲，皆欲殺舜。舜順適不失子道，兄弟孝慈。欲殺，不可得；即求，嘗在側。

這段故事太過誇張，把舜的孝順描繪得仿如聖人，也如宗教典籍的荒誕神話，除了儒家的死忠信徒，沒有人會完全相信。不過，這故事流傳太廣，不會無端出現，不排除是舜本人的公關宣傳，而且證明了是極其成功的公關宣傳：

稍為對歷史有一點基本知識的人，都不可能沒聽過瞽叟、象和舜的故事，相信是因為當時的接生技術落後，衛生條件又差，婦女生產容易難產而死，俗云：「生孩子真的就是鬼門關走一遭」，因此經常有後母，又由於資源匱乏，後母虐待非生子女，也是慣例。由於不時有相類似的故事，人們容易感同身受，也許從而助長了這故事的流行。

大家都知道，在古時，孝道被視為最基本的個人品德。人們認為，一個人只要孝順，則其他的品德也會好。

《孝經》據說是孔子口述，曾子筆錄，但今人則多傾向是秦漢期間的儒家信徒所著。它在第一段名為「開宗明義」

便說：「**身體髮膚，受之父母，不敢毀傷，孝之始也。立身行道，揚名於後世，以顯父母，孝之終也。夫孝，始於事親，中於事君，終於立身。**」換言之，孝順也包括了忠於君主。

另一個更大的可能性，則這是儒家杜撰出來的故事，用以宣揚孝道。我們不知道在堯舜執政的先古時代，孝道是否也如後世般被看重，不過如果這真的是後世儒家發明的宣傳品，也絕對是成功的公關宣傳。

值得注意的是，在《史記 • 五帝本紀》有關瞽叟和象欲殺舜的故事的最後一句是：「**舜復事瞽叟愛弟彌謹。於是堯乃試舜五典百官，皆治。**」換言之，舜的孝道正是他被堯賞識重用的重大原因。

前引《容成子》講到堯賞識舜的地方是：「**陶於河濱，漁於雷澤，孝養父母，以善其親，乃及邦子。**」

戰國時代的作品《唐虞之道》也有記載此段故事：「古者虞舜篤事瞽叟，乃戴其孝；忠事帝堯，乃戴其臣。愛親尊賢，虞舜其人也。」

又曰：「古者堯之與舜也：聞舜孝，知其能養天下之老也；聞舜弟，知其能事天下之長也；聞舜慈乎弟（象口口，知其能）為民主也。故其為瞽盲子也，甚孝；及其為堯臣也，甚忠；堯禪天下而授之，南面而王天下，而甚君。故堯之禪乎舜也，如此也。」

18. 遷徒

從前文可知，舜的足跡遍布了不同地方，證明了他在成為君主之前時有遷徙。這不排除是在很多個不同的「舜」的先後遷徙，統統歸到一個「舜」的名下。

唯一可以肯定的，是先民的生存環境惡劣，天災、人禍、戰鬥、搶地盤，遷徙是頻常的事，這正如商朝曾經六次遷都。商朝是當時最大的政權，如果國祚六百年的商朝也要遷都六次，其他的小部族的遷徙一定更為頻繁。

戰國時成書的《尸子》說：「**舜一徙成邑，再徙成都，三徙成國，堯聞其言，徵之於草茅之中，與之語禮樂而不逆，與之語政至簡而行，與之語道而大不窮，於是妻之以媓，媵之以娥，九子事之，而託天下焉。**」

《史記 • 五帝本紀》說：「**舜年二十以孝聞。三十而帝堯問可用者，四岳咸薦虞舜，曰：『可。』於是堯乃以二女妻舜以觀其內，使九男與處以觀其外。舜居嬀汭，內行彌謹。堯二女不敢以貴驕事舜親戚，甚有婦道。堯九男皆益篤。舜耕歷山，歷山之人皆讓畔；漁雷澤，雷澤上人皆讓居；陶河濱，河濱器皆不苦窳。一年而所居成聚，二年成邑，三年成都。堯乃賜舜絺衣，與琴，為筑倉廩，予牛羊。**」

這兩條記載，均是說舜多次遷徙，轄下人民越來越多，代表他已成為了成功人士。人口越來越多，只有兩個原因，一是軍事上很成功，二是商業上很成功，正如前文所言，軍事和商業是分不開的連體嬰，因此，多半是兩者皆有。

上文說的「舜耕歷山，歷山之人皆讓畔；漁雷澤，雷澤上人皆讓居」，《韓非子 • 難一》有差不多的說法：「河濱之漁者爭坻，舜往漁焉，期年，而讓長。」

《淮南子 •原道訓》的說法類似：「**昔舜耕於曆山，期年而田者爭處墝埆，以封壤肥饒相讓；釣於河濱，期年而漁者爭處湍瀨，以曲限深潭相予。**」《太平御覽 •帝舜有虞氏》寫得比較詳細：「**昔者，舜耕於曆山，期年，而田者爭處磽確，以封畔肥饒相讓也。釣於河濱，期年，而漁者爭處湍瀨，以曲限深澗相與也。**」

為甚麼當地的人會把山澤之利「讓」給舜呢？這肯定不會是因為舜的賢良孝順，沒有人會因欽佩另一人的優良品德，而把自己賴以生存的環境，拱手「讓」人。不消說，這是舜打回來的成果。

至於「河濱器皆不苦窳」，「苦窳」的意思，是「器物粗劣」，如《韓非子 •五蠹》：「其商工之民，修治苦窳之器，聚弗靡之財，積蓄待時，而侔農夫之利。」指的就是商人和工匠製造粗劣的器物，累積過多的財富，囤積居奇，在農民的身上牟取暴利。換言之，舜抓生產的能力也很強，製造出來的產品「不苦窳」，即是水平很高。

「媯汭」指的是媯水彎曲之處，媯水的發源地是在歷山。這即是說，在這時，舜已從山東半島遷居到山西省，堯的大本營。

「堯聞其言，徵之於草茅之中」的「草茅」就是「草莽」，也即是民間，這裏指的應該是，舜本來不是堯集團的屬下，堯把他招攬過來。

縱觀《史記 •五帝本紀》和《尸子》的最大矛盾，是前者說舜是歸順了堯之後，才方才去歷山、雷澤、黃河濱等地工作。後者則說舜是在三個不同地方工作有成，因而獲得堯的賞識，因而徵召他來對談，發覺對方精通禮樂、政治、哲學，遂先把兩個女兒嫁給他，還派了部下去協助他辦事，最終連政權也交了給他。

換言之，「一徙成邑，再徙成都，三徙成國」究竟是在堯、舜相會之前，抑或是之後，徙來徙去是由堯委派舜去辦的任務，兩種說法並不相同。按照脈絡，舜是東夷人，應是在山東半島成名，因而被堯賞識，招攬他去山西的總部，嬀汭、歷山辦事，比較合理。如果舜是被派往山東的雷澤辦事，足跡不會逗留太久，後世應不會認為他是「東夷之人」。

19. 娥皇與女英

前文所引的《史記 • 五帝本紀》和《尸子》，均記載了堯把兩位女兒嫁給了舜。《尚書 • 堯典》說堯把兩個女兒嫁給舜，以測試對方的德行：「**帝曰：『我其試哉！女于時，觀厥刑於二女。』釐降二女於嬀汭，嬪于虞。**」

這裏的「厥」意指「他的」，「刑」通「形」，即是「行為」。「釐降」是「賞賜」，「虞」就是「舜」，後文會專講這「虞」字。全句意譯正是前文講過的：「帝堯說要把兩個女兒嫁給舜，以觀察他的行為。」

《竹書紀年》記載「帝堯陶唐氏」：「**七十年春正月，帝使四岳錫虞舜命。**」「**七十一年，帝命二女嬪于舜。**」即是說，在舜被推薦進入堯的政府之後一年，堯把兩個女兒嫁給他。

《世本》說：「堯取散宜氏之子，曰『女皇』，生丹朱、女皇。」相信後一個「女皇」就是舜的老婆。散宜氏是堯的正室，這說出了，舜所娶的是堯的一個地位很重要的女兒，很可能是長女。

《世本》又說：「帝舜有虞氏，配以肓，娙以罃。」同音字：「肓」即「皇」，「罃」即「英」，「娙」則是「亞」，即是「排名第二」的意思。

唐朝司馬貞寫的《史記索隱》也說：「肓即『娥皇』，字『娥娙』；罃即『女英』。」《說文解字》說：「娙，長好也。」即「高佻兼美麗」。此字現音讀「xīng」，我懷疑指的也是「英」，可能原文是「娥、娙」，由於古文沒有標點符號，司馬貞搞錯了。

《說文解字》說：「娥，帝堯之女，舜妻娥皇字也。秦晉謂『好』曰『娙娥』。從女，我聲。」

《河圖 • 玉版》說：「湘夫人者，帝堯女也。秦始皇浮江，至湘山，逢大雨，而問博士：『湘君何神？』博士曰：『聞之，堯二女，舜妃也，死而葬此。』」

注意：屈原的《楚辭 • 九歌》一共有十一章，其中有《湘君》和《湘夫人》，主題是這兩人的愛情故事，與堯之女、舜之妻無關。

漢朝的劉向寫《列女傳 • 母儀 • 有虞二妃》，第一次清楚地說出舜的兩位妻子名字：

有虞二妃者，帝堯之二女也。長娥皇，次女英。

舜父頑母嚚。父號「瞽叟」，弟曰「象」，敖游於嫚，

舜能諧柔之，承事瞽叟以孝。母憎舜而愛象，舜猶內治，靡有姦意。

四岳薦之於堯，堯乃妻以二女以觀厥內。二女承事舜於畎畝之中，不以天子之女故而驕盈怠嫚，猶謙謙恭儉，思盡婦道。

瞽叟與象謀殺舜。使塗廩，舜歸告二女曰：「父母使我塗廩，我其往。」二女曰：「往哉！」舜既治廩，乃捐階，瞽叟焚廩，舜往飛出。象復與父母謀，使舜浚井。舜乃告二女，二女曰：「俞，往哉！」舜往浚井，格其出入，從掩，舜潛出。

時既不能殺舜，瞽叟又速舜飲酒，醉將殺之，舜告二女，二女乃與舜藥浴汪，遂往，舜終日飲酒不醉。舜之女弟繫憐之，與二嫂諧。

父母欲殺舜，舜猶不怨，怒之不已。舜往于田號泣，日呼旻天，呼父母。惟害若茲，思慕不已。不怨其弟，篤厚不怠。

這故事說瞽叟與象意圖謀殺舜，是在舜結婚之後。照說這時舜已是堯的女婿，有權有勢，瞽叟與象巴結也來不及，不可能也沒能力去殺他。不過這顯然是虛構的故事，怎吹牛也可以。

第二點是，舜在娶了娥皇、女英為妻子之後，也即是受到堯的重用，得走到不同的地方工作，最後到了中央政府。假若瞽叟、象和娥皇、女英有互動，也即是說，他們是跟著舜而移居，等於是依靠舜為生。

第三點是，原來舜除了象之外，還有一個妹妹，「女弟」，好像從來沒有人談及此事，有趣有趣。在這裏，「女弟」是「妹妹」的意思，並非名字。

這段故事在《史記 • 五帝本紀》也有記錄。雖然是重覆了描述，但為了作者本人以後便於參考，也照刊出來：

堯乃賜舜絺衣，與琴，為筑倉廩，予牛羊。

瞽叟尚復欲殺之，使舜上涂廩，瞽叟從下縱火焚廩。舜乃以兩笠自扞而下，去，得不死。後瞽叟又使舜穿井，舜穿井為匿空旁出。舜既入深，瞽叟與象共下土實井，舜從匿空出，去。

瞽叟、象喜，以舜為已死。象曰：「本謀者象。」象與其父母分，於是曰：「舜妻堯二女，與琴，象取之。牛羊倉廩予父母。」象乃止舜宮居，鼓其琴。舜往見之。象鄂不懌，曰：「我思舜，正郁陶！」

舜曰：「然，爾其庶矣！」

上文的意思是，瞽叟以為與象聯手殺死了舜，象自居是最大功勞，要求得到舜的兩位妻子，和琴。至於牛、羊和倉廩內的穀物，則歸父母所有。於是，象去到了舜的家，在彈舜的琴，這時，舜回來了。

「鄂」是「愕然」的意思，「郁陶」就是「抑鬱」。人們當把「庶」解作「差不多」，所以永遠解不通這句話。「庶幾」才是「差不多」的意思。這裏的「庶」字應解作「希望」，如「庶免」就是「希望不要」，例如「庶免塞車」意即「希望不要塞車」。

所以，最後幾句的意思，應是：象愕然，露出不高興的樣子，（因為被舜看到自己的表情，因而）說：「我掛念著你，所以很抑鬱。」舜的回答是：「我希望你真是如此。」這證明舜只是孝順，但並不笨。

南北朝時期的盛弘之在《荊州記》寫：「隨郡北界有厲鄉，村南有重山，山下有一村，父老相傳，雲是神農所生村。西有重塹，內周回一頃二十畝，地中有九井。相傳神農既育，九井自穿。」又云：「汲一井則眾井水動。」

舜的「穿井」正是這技術，這就是在二千多年後的南北朝，也算是值得一提的高科技。

舜被認為是把井發揚光大的人物，因而有「舜井」的傳說。

酈道元在《水經注》說：「城南對山，山上有舜祠，下有大穴，謂之『舜井』。」

唐朝封演寫的《封氏見聞記》說：「齊州城東有孤石，平地聳出，俗謂之『歷山』，以北有泉號『舜井』，東隔小街，又有石井，汲之不絕，雲是舜東家之井。」

此「齊州」即今日的山東省濟南市，此「歷山」不同於舜耕作的彼「歷山」。現在舜井的位置位於濟南市歷下區舜井街舜園門外，是遊覽景點，但應不是原來的井了。

說回娥皇、女英。前引的《尸子》說：「堯……於是妻之以皇，媵之以娥，九子事之，而托天下焉。」這句也有寫作「妻之以媓。」把「娥皇」寫成一字，就是「媓」。

在上古時代，「后」是男人，都是男人，如后稷、后羿、后土、夏后，「娥」則是指君主的妻子，如后羿之妻為「恒娥」，或稱「嫦娥」。在近代中文有「宮娥」的說法，「娥皇」應是大老婆、正室的意思，並非真正名字。

古代女人的閨名是私隱，不常見諸史書。如在周朝，齊國的國姓是「姜」，齊國女人嫁到別國的，統統是「齊姜」，有記載的不少於 17個。後世為了辨別，唯有中間加上一字來作細分，例如「齊莊姜」是齊莊公的夫人，「齊哀姜」是齊襄公女兒、魯莊公夫人，因後人認為她的一生很悲慘，因而有此名。就是中間沒字的「齊姜」，也有4位，分別是晉文公、郲文公、魯成公、周靈王的妻子。

大家熟悉的電影《九品芝麻官》，由張敏飾演的女主角，也是只叫「戚秦氏」，而不稱閨名。

「娥」字後來也有「宮女」的意思，如「宮娥」，又如漢朝把妃嬪分為 14等：昭儀、婕妤、娙娥、容華、美人、八子、充衣、七子、良人、長使、少使、五官、順常、舞涓等，其中「娙娥」是第三級。

至於「媵」字，讀「ying」，《左傳・成公八年》：「凡諸侯嫁女，同姓媵。」由由此可知，「女英」的名字應來自「媵」：她是娥皇陪嫁的妹妹，因而是「媵」。

總括而言，「娥皇」的意思是「正室」，也是後宮之首。「女英」則是「媵」，也即是前引《尸子》講的「媵之以娥」。

古代中國的貴族社會「媵婚」十分流行，如《左傳・莊公二十八年》記載晉獻公：「又娶二女于戎，大戎狐姬生重耳，小戎子生夷吾。」我另寫了一篇一萬字的專文，講這題目，放在本書的最後。

前文講過，舜是黃帝的九世孫，堯則是黃帝的四世孫，換言之，娥皇、女英比舜高了足足四個輩份，這在講究輩份的儒家看來，完全無法自圓其說，只好避談。宋朝羅泌在《路史 • 卷二十一》引尹子的說法：「舜娶祖姑，天下不論之無禮，不學如此，有說見餘。」

舜除了娥皇、女英之外，還有一個老婆，《山海經 • 海內北經》：「**舜妻登比氏生宵明、燭光，處河大澤，二女之靈能照此所方百里，一曰『登北氏』。**」

《帝王世記》說：「**元妃娥皇無子，次妃女英生商均，次妃登北氏生二女：霄明、燭光，有庶子八人，皆不肖。**」

當然了，如果舜是同一家族多位君主的合稱，則必然有很多老婆。再說，在古時的生存環境，男人之間的殺戳甚重：男人死得、早死得多，必然也是一夫多妻妾，男女比例才平衡。更何況，舜是君主，如他不是有很多很多老婆，反而才奇怪。

20. 作為女婿的優勢

雖然在父權社會，兒子才享有繼承權，連女兒也沒有，但這多多少少也拉上了關係，總好過一點兒邊都沾不上。

最佳的例子是俄羅斯帝國的伊凡三世，在元配夫人死後，於 1473年，娶了東羅馬帝國的索菲婭 • 巴列奧略公主為妻。這時東羅馬帝國已然滅亡，索菲婭 • 巴列奧略公主還只是皇室旁支的後人，不過伊凡三世已儼然以羅馬帝國的繼承人自居。到了其孫子伊凡四世，索性自稱為「沙皇」。所謂的「沙」，也即是羅馬帝國最高領導人「凱撒」的俄國名稱。

事實上，舜後來得以繼承堯的君主之位，其女婿身分應也有很大的助力。

21. 姚姓

前引《尚書緯，帝命驗》說：「姚氏縱華感樞。」這位「姚氏」，就是舜的母親，皆因有一說是舜姓「姚」。

《新唐書 • 宰相世系》說舜：「**姚姓，虞舜生於姚墟，因以為姓。**」**北宋人邵思在《姓解》說：「虞舜生於姚，故因生地為姓，後世有以姚為氏。**」

唐朝由官方編撰的姓氏譜牒專書《元和姓纂》說：「姚，生於姚墟，一說出生于諸馮，子孫以姚為氏。」

為甚麼我會在娥皇、女英，和舜的女婿身分之後，忽然跳到他的姓氏呢？因為我有一個大膽的想法：這個「姚」字來自同音的「堯」，可能是他入贅後改姓，也可能是他繼承君主之位後特意改姓，以增加統治合法性。

對於「姓」，我們必須注意，上古的人並沒這概念。這可能只是一個氏族的圖騰，也可能只是所統治的土地的名稱，因此，往往是擁有封地的貴族，才擁有姓，不論是在中國，抑或在歐洲，皆是如此。在當時，也沒有連名帶姓一起叫，如陳大文、蔣介石、周星馳，這得是到了戰國末年，人們才普遍用此叫法。

所以，也不排除一個可能，就因為舜是堯的繼承者兼女婿，人們/ 後人附會他是姓「姚」。「姚」和「堯」的關係，可見於《說文解字 •女部》說：「姚：虞舜居姚虛，因以為姓。从女兆聲。或為『姚』，『嬈』也。」上古的姓氏，很多時會加以「女」字部，如姬、嬀、姜、姒等，因此「堯」姓也即是「嬈」姓。

22. 姚墟

舜姓姚，「姚墟」一詞有兩個不同的含義：

一是「舜的居住地」，如前引的《說文解字 •女部》說：「**姚：虞舜居姚虛，因以為姓。从女兆聲。**」

另一是「舜的出生地」，這說法的記載比較多，如《通志 •氏族略》說：「**虞有兩姓，曰『姚』，曰『嬀』。因姚墟之生而姓姚，因嬀水之居而姓嬀。**」

又如《孝經緯 •援神契》說：「**舜生於姚墟。**」《河圖緯 •著命》說：「**女登見大虹，意感，生舜于姚墟。**」《帝王世紀》說：「**勾芒有子曰『橋牛』，橋牛生瞽瞍。妻曰『握登』，見大虹，意感而生舜于姚墟，故姓姚。**」

周處在《風土記》也說：「**舜，東夷之人，生姚丘。**」

這位周處，就是聞名後世，「除三害」那位。《世說新語》說：「**周處年少時，凶強俠氣，為鄉里所患，又義興水中有蛟，山中有哀邅跡虎，並皆暴犯百姓，義興人謂為三橫，而處尤劇。或說處殺虎斬蛟，實冀三橫唯餘其一。處即刺殺虎，又入水擊蛟。蛟或浮或沒，行數十裡，處與之俱。經三**

日三夜，鄉里皆謂已死，更相慶。竟殺蛟而出。聞裡人相慶，始知為人情所患，有自改意。」

如果是「居住地說」，則這應該是因舜先居住而後以他的姓為地名。如果是「出生地說」，也即是先有「姚」姓氏族，其後「**生舜于姚墟，故姓『姚』**」。按：「出生地說」和我先前的大膽假設「姚姓出於堯」互相矛盾，如這說法是真，則我的假設必然是錯。

不過，在很多時，出生地和居住地不一定相矛盾，正如香港是我的出生地，也是我的居住地。

至於姚墟的具體位置，《水經注》說：「**瓠子故瀆，又東南經桃地，今鄄城西南五十里有桃城，或謂之洮也。**」這裏的「桃城」、「洮」，也即是姚墟。

「鄄城」就是今日的山東省菏澤市，也即是前文提到的「雷澤」。《路史》卷四十四《厯山》條說：「應劭謂（姚墟）與雷澤相近。」還記得「舜耕歷山」嗎？唐太宗李世民第四子魏王李泰主編的《括地志》也說：「姚墟在濮州雷澤縣東十三里。」

宋朝官方編撰的地理志《太平寰宇記》說：「**今濮之雷澤西北六十有小山孤立，謂之『厯山』。山北有小阜，屬池目之姚墟。**」這裏指的是歷山北部的小丘可遙遙看到姚墟。

這裏的「濮」指的是「濮州」，是隋朝至清朝的行政規劃。現時大家普遍同意，姚墟就是今日的河南省濮陽市濮陽縣徐鎮。濮陽縣和荷澤市雖然今天分處兩省，但直線距離只有 130公里，當年同屬山東省的濮州。

濮陽縣有「帝舜故里」的景區，佔地 7公頃。此地曾發掘出距今六千四百多年的蚌塑龍形圖案，由於這是最早的龍形圖案，因此被稱為「中華第一龍」。

23. 餘姚

今日的浙江省有餘姚市，唐朝李吉甫在唐憲宗元和年間編撰的《元和郡縣圖志》說：「**舜後支庶所封之地，舜姓姚，故云：『餘姚』。**」

晉朝賀循寫的《會稽記》說：「**舜上虞人，去虞三十里有姚丘，即舜所生也。**」今日的浙江省紹興市有上虞區。至於舜和「虞」的關係，後文再述。

「餘姚」名稱的來歷有第二種說法，就是東漢趙曄所寫的《吳越春秋》云：「**禹周行天下，還歸大越，登茅山以朝四方羣臣，封有功，爵有德，崩而葬焉。至少康，恐禹跡宗廟祭祀之絕，乃封其庶子於越，號曰『無餘』。**」

然而，「無餘」和「姚」姓可合成「餘姚」，因此，以上兩種說法非但沒矛盾，更可互補。

關於舜和禹在餘姚的足跡，有一個流傳多年的說法是「舜耕曆山，禹藏秘圖」，後者指的「秘圖」是「大禹治水的藍圖」。光緒《餘姚縣誌》說：「**秘圖山，在縣治北，本名『方丈山』，唐天寶六載改今名，舊書謂：『神禹藏秘圖之所。』其下勺水即秘圖湖。**」

南宋沈作賓修、施宿等人編、陸遊序，成書於嘉泰元年的《嘉泰會稽志》說：「**秘圖橋，在縣北一百步；小秘橋，**

在縣北一百一十步。此兩橋當在金鎖橋和桐江橋之間。」這「小秘橋」也即是今日的「人民橋」。

秘圖山只有二十來米高，有奇石洞壑。光緒《餘姚縣誌》的「北城圖」中，秘圖山已劃入「縣署」，也即是政府辦公大樓。在「縣署圖」中，秘圖山和荷花池，也即是秘圖湖之間，有一些內宅，按《浙江通志》的記載：「內宅有堂，名為『集思』。」

1995年，這塊土地賣給地產發展商，山被削平，池被填滿了，建成了「長發商廈」。

還有第三種說法，《郡縣釋名》是明朝郭子章編寫的一部關於萬曆時期各府、州、縣名稱來歷的著作，其中有云：「邑有句餘山，又南有姚江，故名。」

24. 嬀姓

前文引過，《通志・氏族略》說：「**虞有兩姓，曰『姚』，曰『嬀』。因姚墟之生而姓姚，因嬀水之居而姓『嬀』。故姚恢改姓為『嬀』，而嬀皓又改姓為『姚』，知姚與嬀可通……**」

這裏說的「嬀皓」，是西晉時期的大臣，官至尚書郎。他是餘姚人。

《說文解字》說：「嬀，虞舜居嬀汭，因以為氏。從女為聲。」《世本》說得更清楚：「帝舜之後。舜生嬀汭，子孫氏焉。」

《新唐書・宰相世系表》也有講到，「姚」和「嬀」這兩姓互通：「**『姚』姓，虞舜生於姚墟，因以為姓。陳胡公裔孫敬仲仕齊為田氏，其後居魯，至田豐，王莽封為代睦侯，以奉舜後。子恢避莽亂，過江居吳郡，改姓為『媯』。五世孫敷，複改姓『姚』，居吳興武康。**」

換言之，舜既姓「姚」，也姓「媯」。

至於媯的所在地，北魏酈道寫的《水經注 • 沔水》說：「**《世本》曰：『舜居媯汭』，在漢中西城縣。或言媯虛在西北，舜所居也。或作『姚虛』，故後或姓『姚』，或姓『媯』，媯、姚之異是妄，未知所從。餘按應劭之言，是地於西城為西北也。**」

唐朝杜寫的《通典》說：「**金州西城縣有媯墟，《帝王世紀》謂之『姚墟』，《世本》曰『饒汭』。**」

《路史 • 國名紀》也是相同的說法：「**媯虛在西城西，舜居。**」

「漢中」作為地方行政單位設於秦朝，當時為「郡」，即今日的陝西省秦嶺以南。「西城」是它治下的一個縣，即今日的陝西省安康市。很明顯，媯、姚兩地一在西，一在東，並非同一地方。所以，宋朝王應麟編撰的《通鑒地理通釋》才會說：「**《世本》：『舜居饒內』，在漢中西城。或言媯墟在西北，舜所居也。**」

25. 九男

堯派去觀察/ 監視舜的，除了兩個女兒，還有一些人員。《史記 • 五帝本紀》說：「於是堯乃以二女妻舜以觀其內，使九男與處以觀其外。」

這句之後不久，又有一句：「堯九男皆益篤。」

一則常識：古文的「九」字並不等同精確的數目字「9」，而只是「很多」的意思。

換言之，這是說舜和同僚的公關手段極佳，和堯派過去的人員相處得很融洽。

26. 招兵買馬

舜進入中央政府，最重要的當然是招兵買馬、聯群結黨、增強實力。《史記 • 五帝本紀》說：

昔高陽氏有才子八人，世得其利，謂之「八愷」。高辛氏有才子八人，世謂之「八元」。此十六族者，世濟其美，不隕其名。至於堯，堯未能舉。舜舉八愷，使主后土，以揆百事，莫不時序。舉八元，使布五教于四方，父義，母慈，兄友，弟恭，子孝，內平外成。

「高陽氏」即是「顓頊」所屬的氏族，根據《史記 • 五帝本紀》，舜是顓頊的後人，得其氏族的支持，是理所當然的。「高辛氏」就是「嚳」所屬的氏族，「嚳」這個君主，來歷大為複雜，後文會講到他和舜的關係。

總之，「顓頊」和「嚳」都是曾經叱吒風雲的君主，他們氏族也即是「前朝遺老」，其實力自也不可小覷。

所謂的「八愷」，分別是：蒼舒，隤敳，檮戭，大臨，尨降，庭堅，仲容，叔達。孔穎達在《五經正義》說：「愷，和也，言其和於物也。」換言之，這等同於「和藹可親」的

「藹」。

上文所講的「做主后土，以揆百事，莫不時序」，「后土」即是地上的君主，與天上的君主，即是「皇天」相對，這裏指的是：令到人民忠於君主，而且社會的作很有秩序。

根據《左傳‧文公十八年》的說法，他們之所以名為「八愷」，皆因他們做到了「齊聖廣淵，明允篤誠，天下之民，謂之『八愷』」，也即是說，他們把民風管治得很忠厚純樸。

至於「八元」，則分別是：伯奮，仲堪，叔獻，季仲，伯虎，仲熊，叔豹，季貍。他們加入政府，「**使布五教于四方，父義，母慈，兄友，弟恭，子孝，內平外成**」，即是：宣傳教育做得很好，令到社會和諧。

「元」的意思是「原本」或「根源」，根據《左傳‧文公十八年》的說法是他們之所以得到這名字，皆因做到了「忠肅共懿，宣慈惠和，天下之民，謂之『八元』」，也即是說，他們把民風管治得很和諧，而且對君主很忠心。

東漢哲學家王符在《潛夫論‧五德志》說：「**後嗣帝嚳，代顓頊氏。其相戴干，其號『高辛』。厥質神靈，德行祇肅，迎逆日月，順天之則，能敘三辰以周民。作樂《六英》。世有才子八人：伯奮、仲堪、叔獻、季仲、伯虎、仲雄、叔豹、季狸，忠肅恭懿，宣慈惠和，天下之人謂之『八元』。**」

不過，最重要的是，「八元」是高辛氏，而舜也是高辛氏，大家是一家人，當然會為舜效力。

這「八愷」和「八元」，雖然很有實力，可是卻並不歸順堯的政權。可是舜卻成功拉攏到他們的歸附，致令舜的力量大增。

《史記 • 五帝本紀》之文，相信參考了《左傳 • 文公十八年》，以下茲刊出後者原文，以供作者參考：

昔高陽氏有才子八人，蒼舒，隤敳，檮戭，大臨，尨降，庭堅，仲容，叔達，齊聖廣淵，明允篤誠，天下之民，謂之八愷，高辛氏有才子八人，伯奮，仲堪，叔獻，季仲，伯虎，仲熊，叔豹，季貍，忠肅共懿，宣慈惠和，天下之民，謂之「八元」。

此十六族也，世濟其美，不隕其名，以至於堯，堯不能舉，舜臣堯，舉八愷，使主后土，以揆百事，莫不時序，地平天成，舉八元，使布五教於四方，父義，母慈，兄友，弟共，子孝，內平，外成。

唐代譜牒姓氏之學的專著《元和姓纂》說：「高辛氏才子仲熊、仲堪之後為氏，有仲虺，為湯左相，其子孫氏焉。」仲熊、仲堪的「仲」字是「老二」的意思，決不是姓。不過，古人的取姓的方式五花八門，不排除有一個可能性：仲熊、仲堪兩人成大名後，其後人也繼續採用這品牌，以「仲」為姓。

《戰國策 • 齊宣王見顏斶》也講到，舜有七個得力助手：「**是以堯有九佐，舜有七友，禹有五丞，湯有三輔，自古及今而能虛成名於天下者，無有。**」

27. 功蹟

《左傳 • 文公十八年》說：

是以堯崩而天下如一，同心戴舜，以為天子，以其舉十六相，去四凶也，故《虞書》數舜之功曰：「慎徽五典，五典克從，無違教也。」

曰：「納於百揆，百揆時序，無廢事也」

曰：「賓於四門，四門穆穆，無凶人也」

舜有大功二十而為天子，今行父雖未獲一吉人，去一凶矣，於舜之功，二十之一也，庶幾免於戾乎。

有一個小故事：我在中文大學唸書時，當時分為三間書院：新亞、崇基、聯合，現在則有九間。我屬於新亞書院，這書院的創辦人是國學大師錢穆，字「賓四」，想是來自以上的典故，皆因「穆」和「賓四」是相配的。同學們以我的姓謔稱我為「周賓仔」，皆因廣東話「賓周」意即「男小孩的小便處」。後來同學們發現我在家中排行第四，因而改稱我作「周賓四」。

舜得到君主之位，因辦了二十件大事：推舉了八元和八愷這「十六相」，以及除掉了「四凶」。從政治鬥爭的角度看，他是得到了許多支持者，剷除了反對派，因而奪得了政權。

上文說的「行父」，即魯莊公之弟季友之孫，齊仲無佚之子，魯國的正卿，由於他的諡號為「文」，所以稱為「季文子」。前引文有一個「前傳」，不說不會明白：莒紀公的長子名叫「僕」，派人殺掉父親，送了一塊寶玉給魯宣公，請求政治庇護。魯宣公接納了，季文子卻認為「僕」是壞人，把他驅逐出國境。話說舜當上君主，因立了二十件大功，如今季文子也立了一件大功，成就是舜的二十份之一。

「戾」是「罪惡」，「免戾」字面是「免於罪惡」，意即「後人對他的評價，或許不把他當作好人，至少不會當作壞人。」季文子的父親叫「齊仲無佚」，這只是名字，他並非齊國人。

《墨子 • 尚賢》則認為舜的得位純是因經濟上的功勞：「古者舜耕於暦山，陶河濱，漁雷澤，堯得之服澤之陽，舉以為天子，與接天下之政，治天下之民。」

28. 危機

《尚書 • 舜典》有一段奇怪的記載：「**納於大麓，烈風雷雨弗迷。**」《史記 • 五帝本紀》把這段抄下來：「舜入于大麓，烈風雷雨不迷，堯乃知舜之足授天下。」

為甚麼把舜於在深山之中，不怕烈風雷雨，便有資格承繼帝位呢？這究竟是不是代表了帝堯意圖下手殺舜，「烈風」和「雷雨」代表了兩支軍隊，但卻失敗了，因此被迫把君主之位傳給舜呢？

29. 四凶

《史記 • 五帝本紀》說：

帝鴻氏有不才子，掩義隱賊，好行凶慝，天下謂之「渾沌」。少皞氏有不才子，毀信惡忠，崇飾惡言，天下謂之「窮奇」。顓頊氏有不才子，不可教訓，不知話言，天下謂之「檮杌」。此三族世憂之。至于堯，堯未能去。縉雲氏有不才子，

貪于飲食，冒于貨賄，天下謂之「饕餮」。天下惡之，比之三凶。舜賓於四門，乃流四凶族，遷于四裔，以御魑魅，於是四門辟，言毋凶人也。

誰是「帝鴻氏」？

有很多種不同的說法，主流說即是「黃帝」。由於黃帝有另書專寫，所以不作討論。至於「縉雲氏」，主流意見也認為是來自黃帝的氏族。不過一個君主的後代很多，分成幾個氏族，也不出奇。

至於「少皞氏」，就是伏羲，這是公認的，不用多作解釋。

有一點很奇怪，就是「饕餮」和其他「三凶」，顯然是不同地位，原因不明。肯定的是，如果整個故事是杜撰出來的，「四凶」就是簡單的四個人/ 氏族，用不著節外生枝分成「3+1凶」。這就是我常常說的：上古的故事不管是真是假，必定有一個原型。我們從文獻研究上古史，就是企圖把這原型找出來。

我的看法是，渾沌、窮奇、檮杌這三個人/ 氏族，「堯未能去」，意即他們是反對勢力。渾沌的罪名是「掩義隱賊，好行凶慝」，意即是「盜賊」。窮奇的罪名是「毀信惡忠，崇飾惡言」，意即「不守承諾」。檮杌的罪名是「不可教訓，不知話言」，意即不聽堯政權的號令。

至於饕餮，特別分了出來，旁證出這人/ 氏族是「堯能去」的，只是「沒有去」。看饕餮的罪狀，竟是「貪于飲食，冒于貨賄」。要知道，如果是「外國勢力」，這些行為與堯政府無關。這間接證明了，他是堯政府的要員。

所謂的「賓於四門」，字面意思是「迎接四方賓客」，意即「和境外勢力結盟」。前面講過的「十二牧」，目的就是籠絡「四門」。前引《韓詩外傳》說：「**故牧者所以開四門**」。**《說苑 • 君道》說：「故牧者所以辟四門，明四目，達四聰也。**」

「**乃流四凶族，遷于四裔，以御魑魅**」，「裔」從「衣」，本指衣服的邊緣，引申為「邊遠」，即是說，把這「四凶」流放在遠方。

唐朝司馬貞在《史記索隱》中，引用東漢經學家服虔的說法：「魑魅，人面獸身四足，好惑人。」查在唐朝杜佑編撰的《通典 • 樂典》有說：「**蚩尤氏帥魑魅與黃帝戰於涿鹿，帝命吹角作龍吟以禦之。**」這裏的「魑魅」指的應是未開化少數民族。

舜把「四凶」流放在遠方，外族要來打堯舜政權，先得打倒「四凶」……除非「四凶」反過來同少數民族結盟，但這機會不高，因少數民族政治分散，沒有統一戰線。

中文的「魑魅魍魎」分指「螭」、「魅」、「罔兩」三物，合起來泛指「妖魔鬼怪」。

《說文解字》說：「魑，若龍而黃。」鄭玄註：「魑，猛獸也。」它在單字時會寫作「螭」。

《維基百科》的「螭」條說：「特點是嘴大肚長，身體內能容納非常巨量的水，所以多作為中式建築中的排水口裝飾，稱為『螭首散水』。在明朝之前，在玉珮、石碑、匾額週邊、供香台的罩布、燭台的彫刻中也會描繪螭，和負屭、蚩吻有功能重複之處，但是在明朝之後專門用於排水口。」

《維基百科》的「魑魅魍魎」條講到「魅」：「則是百物之精華，也就是世間百物日久吸收天地精華而成精，即天地間的精靈，一般以外貌姣好而吸引人。」因而有「魅力」的說法。

「魍魎」在單用時多作「罔兩」：「為水中精怪，外型如三歲小兒，色赤黑，目赤、耳長、髮潤。喜食亡者肝。」

此外，「罔兩」也指「影子的影子」，這名詞只在古書出現過一次，就是《莊子 • 齊物》有一段荒謬故事，「罔兩問景」，即是「罔兩和影子的對話」。為免扯太遠，不引述了。

舜把「四凶」流放了。在古時的政治鬥爭，勝利者最多只會把為首者殺掉，而把其族人流放，很少會滅族。

總之，當「四凶」都沒了，舜也就沒有了政敵了，「於是四門辟，言毋凶人也」。

下文是《左傳 • 文公十八年》的相關原文，也是供讀者參考用：

昔帝鴻氏有不才子，掩義隱賊，好行兇德，醜類惡物，頑嚚不友，是與比周，天下之民，謂之「渾敦」。少皞氏有不才子，毀信廢忠，崇飾惡言，靖譖庸回，服讒蒐慝，以誣盛德，天下之民，謂之「窮奇」。顓頊有不才子，不可教訓，不知話言，告之則頑，舍之則嚚，傲很明德，以亂天常，天下之民，謂之「檮杌」。

此三族也，世濟其凶，增其惡名，以至於堯，堯不能去。縉雲氏有不才子，貪於飲食，冒於貨賄，侵欲崇侈，不可盈厭，聚斂積實，不知紀極，不分孤寡，不恤窮匱，天下之民，以比三凶，謂「饕餮」。

舜臣堯，賓於四門，流四凶族，渾敦，窮奇，檮杌，饕餮，投諸四裔，以禦螭魅。

30. 剿滅政敵

上一節講「四凶」的惡行，毫無疑問，都是欲加之罪，何患無辭。事實上，渾沌、窮奇、檮杌、饕餮都不像是好名字，看來都是加諸他們頭上的渾號，在未被判定為「四凶」之前，應該另有名字。很多人認為，以上的「四凶」就是堯時有名的共工、驩兜、鯀、三苗，以下就是《史記 • 五帝本紀》就舜對付這四大政敵的描述：

讙兜進言共工，堯曰：「不可。」而試之工師，共工果淫辟。四岳舉鯀治鴻水，堯以為不可，岳彊請試之，試之而無功，故百姓不便。三苗在江淮、荊州數為亂。於是舜歸而言於帝，請流共工於幽陵，以變北狄；放讙兜於崇山，以變南蠻；遷三苗於三危，以變西戎；殛鯀於羽山，以變東夷。四罪而天下咸服。

這其中，「讙兜」是顓頊的後代，可對應「檮杌」。「共工」的勢力最大，兼且「淫辟」可對應貪於飲食，冒於貨賄，侵欲崇侈，不可盈厭，聚斂積實，不知紀極，不分孤寡，不恤窮匱」，因此應是「「饕餮」。鯀被「變東夷」，而少皞氏就是東夷，因此就是「窮奇」。

現在只剩下一個，「渾沌」和「三苗」，可自動配對。「三苗」是南方的外族，南方人通常比較矮黑，因此是「醜類」。相比其他三個都是堯舜的臣子，三苗則是敵對勢力，因此是「不友」。

「四凶」和這四大「罪」人的生平，會有專文再討論，此處不贅。

「四罪而天下咸服」的意思，即把他們都處置了之後，大家便不得不服從舜了。

注意：「殛」是「殺死」的意思，但如果殺死了鯀，他後來又怎會變成東夷呢？這應該是把他殺了，其族人則迫遷徙到東方。前文講過，古人很少滅族，多數採用迫其遷徙的方式。

郭店竹簡對舜的武力行為的粉飾是「愛而征之」，也算是妙：「**虞用威，夏用戈，征不服也。愛而征之，虞夏之始也。**」

從政治的角度看，發動戰爭正是中央政府向地方諸侯收回權力的不二法門，從古至今都是如此。後來舜政府之所以做到中央集權化，這些戰爭功不可沒。

31. 四與八

前述的「八愷」和「八元」，數字是「8」。我在《中國古代曆法》一書中，講到堯的時代，採用了一年有8個「月」的《大火曆》，也即是「八卦曆法」。

《論語》有一篇叫作「八佾」，這是一種祭祀舞蹈，《穀梁傳•隱公五年》說：「**天子八佾，諸公六，諸侯四。**」《左傳•隱公五年》說得更詳細：「九月，考仲子之宮，將萬焉。公問羽數於眾仲。對曰：『天子用八，諸侯用六，大夫四，士二。夫舞，所以節八音，而行八風，故自八以下。』公從之。於是初獻六羽，始用六佾也。」

東漢蔡邕在《月令章句》詳細地說出了其內容：「**天子省風以作樂，所以節八音而行八風。天子八佾，諸侯六，大夫四，士二。佾，舞列也，每佾八人。每服冕而執戚，有俯仰張翕之容，行綴長短之制，所以受命而歌王者之功也。人之動而有節者莫若舞，肆舞所以動陽氣而導物也。**」

《論語•八佾》的原文是：**孔子謂季氏，『八佾舞於庭，是可忍也，孰不可忍也？』**這裏的「季氏」指的是魯國卿大夫，季孫氏。從「佾」這個字的象形可得知，這是以「八人為一排」，只有天子才可以有 8排 64人的舞者，季孫氏身為卿大夫，只可「四佾」，連「六佾」也沒資格，「是可忍也，孰不可忍也」的字面意思，是「如果連這也能忍受，還有甚麼是不能忍的呢」？

「四象生八卦」，「八」可拆解為「4+4」。前述的「八元」明顯是由兩組的「伯、仲、叔、季」，即大哥、二弟、三弟、四弟組成。重臣有「四岳」，奸人有「四凶」。「十二牧」的職責是「分守四門」。

有意思的是，蒙古帝國的成吉思汗把後宮分成四個「斡兒朵」，他的兒子有很多，但只有朮赤、察合台、窩闊台、拖雷等四子獲分封汗國，是為「四大汗國」。他的女兒也有很多，但只有四個公主最被重視，有「四大公主」之稱。

這些古人對「四」和「八」的崇拜，可能基於東、南、西、北這四面八方，是大自然的基本原理。

32. 攝政

《尚書 • 舜典》的第一句是：「**虞舜側微，堯聞之聰明，將使嗣位，歷試諸難。**」換言之，是「歷試諸難」，考驗過舜，才把位子傳給對方。

根據《史記 • 五帝本紀》的說法：「**堯立七十年得舜，二十年而老，令舜攝行天子之政，薦之於天。**」換言之，是舜在堯的治下經營了二十年，才得到實質的統治權力。文中的「薦之於天」，皆因君主是天神在人間的代表，因此把政權交給別人，得向上天推薦。

《尚書 • 舜典》其後又說：「**帝曰：『格！汝舜。詢事考言，乃言厎可績，三載。汝陟帝位。舜讓于德，弗嗣。正月上日，受終于文祖。』**」

不過，堯並非直接把君主之位傳給舜，而只是交由舜來攝政。《史記 • 五帝本紀》說：「堯立七十年得舜，二十年而老，令舜攝行天子之政，薦之於天。」在上古時代，並沒有生前退位這回事，君主必須當到死的一天，因此，舜只有攝政，也即是實質上接收了權力，但名義上並沒有。

按照常識去推斷，君主在世時，權臣奪位攝政，在技術上不大可能。這幾乎肯定是前任君主去了見上帝，新君主年紀又小，正是「主少國疑」，權臣方可乘機奪權。相信這應是上一代的堯死了，下一代年幼或年輕的堯繼位，因而被權臣架空了。

舜的接收權力，並非像曹操般，「挾天子以令諸侯」，而是經過正式的儀式手續，有著更強的合法性。

《竹書紀年》在「帝堯陶唐氏」說：「七十三年春正月，舜受終于文祖。」《尚書 • 舜典》也說：「正月上日，受終於文祖。」

「文祖」是誰？孔安國在《尚書孔氏傳》說：「**孔文祖者，堯文德之祖廟。**」蔡沉的注《尚書》也說：「文祖者，堯始祖之廟。」

舜既然是在堯的祖廟中接受移交權力，他就是合法的攝政者。這得經過一番正式儀式手續。根據《尚書 • 舜典》：「正月上日，受終於文祖。在璇璣玉衡，以齊七政。肆類于上帝，禋于六宗，望於山川，偏於群神。輯五瑞，既月乃日，覲四岳群牧，班瑞於群後。」

北斗七星的排列像一個斗，分為兩部分，一部分是「斗魁」，分別是天樞、天璇、天璣、天權等四顆星，另一部分是「斗杓」，即是「把手部分」，分別是玉衡、開陽、瑤光，「璇璣玉衡」就是北斗七星。至於「七政」，則是日、月、金、木、水、火、土等七星。

在儀式中，這些可能另有象徵物來作替代。「肆類」就是「因特別事故而祭天」。「禋」是「燒煙祭祀」。「六宗」有多種說法，一是天、地、春、夏、秋、冬，另一則是水、火、雷、風、山、澤。還有一說是日、月、星、河、海、岱。

「瑞」就是「作為印信的玉」，這是管治的必需品，因此舜必須先製作，後分發給四岳和十二牧。

《史記 • 五帝本紀》的記載也差不多：「**於是帝堯老，命舜攝行天子之政，以觀天命。舜乃在璿璣玉衡，以齊七政。遂類于上帝，禋于六宗，望于山川，辯于群神。揖五瑞，擇吉月日，見四岳諸牧，班瑞。**」

對於讓位之事，《淮南子 • 繆稱訓》說很很妙：「**堯王天下而憂不解，授舜而憂乃釋。**」他稱帝後一直麻煩不斷，直至禪讓後，才解決了麻煩。至於麻煩究竟是甚麼，也不用多加說明了。

最後一提，《竹書紀年》記載「帝堯陶唐氏」：「**七十年春正月，帝使四岳錫虞舜命。七十一年，帝命二女嬪于舜。七十三年春正月，舜受終于文祖。**」這說法是從受賞識至攝政，只花了三年時間，這當然是快得不可能。軍事上的勝利、激烈的政治奪權的確可以快速奪取政權，如果是乖乖的憑藉政績上位，需要的時間得長得多。

上文的「錫」，等同「賞賜」的「賜」。這裏指的是「堯命令四岳對舜給予中央政府職位的任命」。

33. 政敵被誅殺

《韓非子 • 外儲說右上》記載了當堯宣布把位子傳給舜之後，鯀和共工反對此舉而被誅殺的故事：

堯欲傳天下於舜。鯀諫曰：「不祥哉！孰以天下而傳之於匹夫乎？」堯不聽，舉兵而誅殺鯀於羽山之郊。

共工又諫曰：「孰以天下而傳之於匹夫乎？」堯不聽，又舉兵而誅共工於幽州之都。

於是天下莫敢言無傳天下於舜。仲尼聞之曰：「堯之知舜之賢，非其難者也，夫至乎誅諫者，必傳之舜，乃其難也。」

一曰：「不以其所疑敗其所察，則難也。」

先前說過「四凶」，又說過鯀可能是「四凶」之一，但都不過是忖測之言。不過，鯀和共工因反對舜而被殺，卻是被記載了的事件。

上文說是誅殺他們是堯下的命令，不過，這說法顯然難以令人置信。畢竟，兩人的罪名只是反對舜的接位，而非反對堯本人，堯沒有任何理由去誅殺他們。再說，這兩人並非可以隨意誅殺的個體，而是各擁武裝力量的氏族，必須「舉兵」發動戰爭，才殺得了他們，成本極度高昂，得有極強大的理由，才值得如此大費周章，

34. 巡狩

《竹書紀年》在「帝堯陶唐氏」條說舜在即攝政之位的明年，便去了「巡狩」四方：「七十四年，虞舜初巡狩四岳。」

《史記 • 五帝本紀》則說：「**歲二月，東巡狩，至於岱宗，柴，望秩於山川。遂見東方君長，合時月正日，同律度量衡，修五禮，五玉、三帛、二生、一死為摯，如五器，卒**

乃復。五月，南巡狩；八月，西巡狩；十一月，北巡狩：皆如初。歸，至于祖禰廟，用特牛禮。五歲一巡狩，群后四朝。遍告以言，明試以功，車服以庸。」

這段記載和《竹書紀年》的分別，一是舜在即位的當年二月，便開始「巡狩」，二是記載得比較詳細。還有一點，就是前者說的是「巡狩四岳」，後者則說他在二月「東巡狩」，五月「南巡狩」，八月「西巡狩」，十一月「北巡狩」。

所謂的「巡狩」，《百度百科》的「中國古代巡視制度」條說：「原始社會堯、舜、禹時期的『天子巡狩制』，即天子對各地進行自上而下的巡察。」

《孟子 • 告子》說：「**天子適諸侯，曰『巡狩』。巡狩者，巡所守。**」換言之，這個「狩」非指「狩獵」，而是指「防守」，即邊防地區。

《史記 • 陳丞相世家》記述了丞相陳平向皇帝劉邦假借巡狩，以此為計，誘捕武將韓信的故事：「古者天子巡狩，會諸侯。南方有雲夢，陛下弟出偽游雲夢，會諸侯於陳。陳，楚之西界，信聞天子以好出遊，其勢必無事而郊迎渴。渴，而陛下因禽之，此特一力士之事耳。」

「弟出」這名詞來自《論語 • 學而》：「**弟子入則孝，出則悌，謹而信，泛愛眾，而親仁。行有餘力，則以學文。**」因而有「入孝出悌」的成語。「弟出」的字面意思是「哥哥探望弟弟」，含有善意，在這裏指「皇帝友善地探望諸侯」。「渴」就是「謁」，「郊迎渴」就是「出郊外謁見皇帝」，只要韓信離開了大本營，則「禽」拿他，只須要一個大力士，就可做到。

到了明朝，設了「巡按」的職位。《明史 • 職官志》：「巡按則代天子巡狩。」

都察院是明清二朝的監察機關，下設「監察御史」。外派到地方的巡視的全稱為「巡按御史」，簡稱就是「巡按」。至於戲劇、小說常說的「八府巡按」，則是虛構出來的官名。也有專門巡視鹽務的，則叫作「巡鹽御史」，專門巡視漕運的，叫作「巡漕御史」。

「岱」意即「泰山」，通常後面加上一個「宗」字，以示尊敬，全稱「岱宗」，皆因在中國古代，泰山在所有山中的地位最高。「祡」字上面的「此」指「柴」，下面的「示」指「祭」，即是「燒柴火以祭天」。「望秩」是「按次序拜祭」。

「同律度量衡」指的是「統一雙方的度量衡制度」，「修」是「修訂」，「五禮」即「祭祀之事為吉禮，喪葬之事為凶禮，軍旅之事為軍禮，賓客之事為賓禮，冠婚之事為嘉禮」，說穿了，統一制度就是中央政府對地方政府的宣示權威，是統治術的表現。這些制度的細節繁瑣複雜，舜顯然是有備而來。

「摯」是「手信」，常用詞是「摯禮」。至於「五玉、三帛、二生、一死」，根據《大虞宦遊記》的作者「大虞太史令」在網上的回答：

公用桓圭，侯用信圭，伯用躬圭，子用穀璧，男用蒲璧，就是天子所頒給他們的五種玉。但是這五種玉朝覲之後，檢

驗過了，天子依舊給還他們。諸侯的世子來見，摯儀是用纁。公的子來見，摯儀用玄色。附庸之君來見，摯儀用黃色。這三種都是帛類，總名叫作「三帛」。卿來見，摯儀用羔羊。大夫來見，摯儀用雁。這兩種都用活的。士來見，摯儀用雉，是死的。

總而言之，這一段的大意就是公、侯、伯、子、男這五種不同爵位，以及諸侯的嫡子、附庸的國君、卿和士覲見舜時，所規定使用的禮器。至於玉作為禮器，當是信物，用來認證身分的作用。古時信息流通不便，而且君主會死亡，政權會更迭，亦會互派信使來訪，因此必須互相訂立一個可靠的認證系統。

在堯舜時期，這五等爵位的制度肯定未曾訂立，部分繁複的禮節也是周朝設立的，應不存在於更早之時。這一段絕對是後世附會的細節。以上載於《史記》，是漢朝的作品，《竹書紀年》則是幾百年前戰國時期的作品，便沒記載這些細節。

至於「禰廟」，《左傳・襄公十三年》有說楚共王病得快要死了，向諸大臣說，我十歲喪父，當上了國君，可惜德行不足，在「鄢」這地方打了敗仗，國家蒙受恥恥辱，希望可以「**唯是春秋窀穸之事，所以從先君於禰廟者，請為『靈』若『厲』，大夫擇焉。**」

「窀穸」指的是「墓穴」，「春秋窀穸」意即「在春天和秋天時的拜祭」，也即是俗云的「春秋二祭」。「從先君於禰廟」就是「把我放在祖先的宗廟」，得用上「靈」或

「厲」這些不好的謚號。

根據《逸周書 • 謚法》，君主死後用「靈」作謚號，意指：

死而志成曰「靈」。亂而不損曰「靈」。極知鬼神曰「靈」。不勤成名曰「靈。死見神能曰「靈」。好祭鬼神曰「靈」。

相信楚共王指的是「亂而不損」，即是「把國家搞得很亂，但國家並沒有太大的損害」。

至於「厲」，則根據前書：「暴慢無親曰『厲』。殺戮無辜曰『厲』。」

不過，楚共王最後是被謚為「共」，即「恭」。《逸周書 • 謚法》說：

敬事尊上曰「恭」。尊賢貴義「恭」。尊賢敬讓曰「恭」。既過能改曰「恭」。執事堅固曰「恭」。愛民長弟曰「恭」。執禮御賓曰「恭」。芘親之闕曰「恭」。尊賢讓善曰「恭」。

相信楚共王的「共」字指的是「錯而能改」。

《禮記 • 祭法》說的「五廟」是：考廟、王考廟、皇考廟、顯考廟、祖考廟，分別祭祀父親、祖父、曾祖父、高祖父，以及開創事業的先祖。「禰」是「近」的意思，成語「聞名遐邇」意即「聞名遠近」。「禰廟」是「最近的廟」，也即是「考廟」：供奉先父的廟。唐朝學者孔穎達在疏《左傳 • 襄公十三年》時寫：「禰，近也。於諸廟，父最為近也。」

這「五廟」往往位於同一地方，一座大廟內有不同的房子。「禰祖廟」即是從父親的禰廟到祖考廟，「五廟」的統稱。

舜的「巡狩」，第一站是往東方，由此可見得，東方對他最是重要。對於此次「巡狩」，緯書《洛書 •錄運法》也有記載：「舜以太尉受號為天子，五年二月東巡狩，至於中州，與三公諸侯臨觀，黃龍五采負圖出，置舜前也。」

「舜以太尉受號為天子」是以秦漢時的官制去形容舜的「攝政」，反正在舜之時也不會用「攝政」這名詞，都是用作說明而已。對比《竹書紀年》説舜從被賞識到攝政，用了四年時間，這裏則說是「五年」，大致相同。

「中州」泛指中原地區，並非特定位置。「與三公諸侯臨觀，黃龍五采負圖出，置舜前也。」裏的「圖」，指是《河圖》，我在《中國古代曆法》一書講過，《河圖》就是曆法，這裏指的是舜向東方的官員頒布曆法，要求這些地方也使用同中央政府一體的曆法。

舜「東巡狩」花了三個月完成，照辦煮碗，依次往南方、西方、北方「巡狩」，南、西均也用了三個月，相信北也是用了三個月。

這做法等於秦始皇的「書同文，車同軌」，把全國的制度統一了。當然，舜所統治的國土面積，相比秦始皇，比也不能比。

舜「巡狩完畢」，回到首都，去了祖彌廟，用「特牛禮」來祭祀五位祖先。所謂的「特牛禮」，就是「宰掉一頭牛來祭祀」。《國語 •楚語下》：「諸侯舉以特牛，祀以太牢；卿舉以少牢，祀以特牛。」三國時的韋昭注：「特，一也。」

至於「群后四朝」，蔡沈的說法是：：「五載之內，天子巡狩者一，諸侯來朝者四。」配以前句「五歲一巡狩」，意思就很清楚了：舜每五年巡狩一次各地方政府，其餘的四年，諸侯則要年年往中央政府朝覲。

「遍告以言，明試以功，車服以庸」這十二字，意指舜把要求對方做的事統統說出來，明確地考察他們的功績，把馬車和衣服賞賜給他們。有意思的是，以禹為主角的《尚書 • 益稷》有類似的說法：「敷納以言，明庶以功，車服以庸」，後八字的意思相同，只是前四字指的是：廣泛地採納對方的意見。

換言之，分別是：舜是我講你們聽，禹則是我聽你們講。下文會講到舜的統治風格。

35. 十二牧

先前提到的「十二牧」，《史記 • 五帝本紀》說：「**於是舜乃至於文祖，謀于四岳，辟四門，明通四方耳目，命十二牧論帝德，行厚德，遠佞人，則蠻夷率服。**」這段故事是在他在「文祖」後，獲得正式執政地位了，才發生的。

上海博物館於 1994至 1999年自香港古董市場購入的竹簡，稱為《戰國楚竹書》，並在 2000年陸續出版，其中 2002出版的第二冊載有《容成氏》。此書在講「舜」的一段有：「**方為三倍，救聖（聽？）之紀：東方為三倍，西方為三倍，南方為三倍，北方為三倍，以躛於溪谷，濟於廣川，高山陞，蓁林入，焉以行政。**」

這個「牿」字應是「牧」字。東、南、西、北各「三牿」，加起來就是「十二牧」了。

據說是漢朝的博士韓嬰著作的《韓詩外傳》卷六第十七章說：「**王者必立牧，方三人，使闚遠牧眾也……故牧者所以開四門，明四目，通四聰也。**」這裏說的「三人」和「開四門」，和《容成子》的描述相同。

西漢的劉向在《說苑 • 君道》說：「**周公踐天子之位，布德施惠，遠而逾明。十二牧，方三人，出舉遠方之民……故牧者所以辟四門，明四目，達四聰也。**」東漢時的歷史學家班固編寫的《白虎通 • 封公侯》說：「**唐虞謂之『牧』何？尚質，使大夫往來牧諸侯，故謂之『牧』。旁立三人，凡十二人。**」

以上的兩種說法都指「牧」是以3人為一組，一共有4組，工作性質就是中央政府派往和地方諸侯聯繫溝通的人員。

前文的蔡沈在《尚書集傳》說：「十二牧，十二州之牧也。」《白虎通 • 封公侯》則說：「何知堯時十有二州也？以《禹貢》言，九州也。」然而，禹的時代只有九州，並不代表在堯舜的時代也是九州。

《竹書紀年》在「帝堯陶唐氏」中說：「八十七年，初建有十二州。」「九十七年，司空巡十有二州。」

舜是在七十三年正式掌權，因此，這十二州也是由他設立。

從政治上看，這是把散亂的地方諸侯作出區域劃分，也是實施管治權力的一種。

36. 禪讓

堯的把權力和平移交給其舜，這是史上破天荒的第一宗，這做法稱為「禪讓」。1993年，在湖北省荊門市郭店村發掘出來的楚墓竹簡，有一篇《唐虞之道》，其中有云：

唐虞之道，禪而不傳。堯舜之王，利天下而弗利也。禪而不傳，聖之盛也。利天下而弗利也，仁之至也。故昔賢仁聖者如此。身窮不貪，沒而弗利，窮仁矣。必正其身，然後正世，聖道備矣。故唐虞之道，禪也。

其後又說：「禪而不傳義，恒（絕，夏）始也。」

舜雖然是堯的女婿，但是在父權社會，只要不是同男性直系親屬，理論上不應有繼承權力的法律地位。

《史記》的其中一章是「封禪書」，《管子》也有一章叫「封禪」，那究竟甚麼是「封禪」呢？張守節在《史記正義》解釋說：「**此泰山上築土為壇以祭天，報天之功，故曰『封』。此泰山下小山上除地，報地之功，故曰『禪』。**」

直接地說，「封」就是拜祭天上的神仙，「禪」則是拜祭死去的君主，後者的規格必然低於前者。《管子 • 封禪》說：「禹封泰山，禪會稽。」又說：「周成王封泰山，禪社首。」

泰山是中國五嶽之首，海拔 1,532米。會稽山又叫「茅山」，位於今日的浙江省紹興市南部，海拔 354.7米。禹曾經在此山會集諸侯，考核諸侯功績，並死於此地。相信他是在這時順便也「禪」了。社首山在泰山之內，1951年，中國為採石，把這山的石鑿毀，這山從此消失。

但數到最流行的「禪」的地方，莫過於梁父山。《管子 • 封禪》又說：「**古者封泰山禪梁父者七十二家，而夷吾所記者十有二焉。**」因此連秦始皇搞封禪，也是封泰山，禪梁父。梁父山位於山東省泰安市徂徠山南麓，海拔 288米。

「禪」既然是「地上君主的拜祭」，「禪讓」就是「地上君主的位子轉移」了。至於佛教的「禪」，其實是梵文「禪那」的簡稱，和「封禪」的「禪」無關。

戰國時代尸佼寫的《尸子》說：「**舜受天下，顏色不變；堯以天下與舜，顏色不變；知天下無能益損於己也。**」換言之，堯舜的禪讓，只是一場宮廷鬥爭，並沒有戰爭，也沒有影響到平民。

37. 扭捏推辭

根據《尚書 • 舜典》，舜並非直接接受禪讓，而是經過一番推辭，因堯堅持，終於才答應被傳大位：「**舜讓于德，弗嗣。正月上日，受終于文祖。**」

對於以上事件，我會引用大家熟的熟悉的《三國演義》第八十回去作說明：

卻說華歆等一班文武，入見獻帝。歆奏曰：「……禪與魏王；上合天心，下合民意。則陛下安享清閒之福；祖宗幸甚！生靈幸甚……」……帝大哭，入後殿去了。

最絕的是後文：

曹丕問獻帝：「百官請陛下設朝，陛下何故推阻？」帝泣曰：「汝兄欲篡位，令百官相逼，朕故不出。」曹丕大怒說：「吾兄奈何為此亂逆之事耶！」

跟著的故事是：

只見曹洪、曹休帶劍而入，請帝出殿。曹后大罵曰：「俱是汝等亂賊，希圖富貴，共造逆謀！吾父功蓋寰區，威震天下，然且不敢篡竊神器。今吾兄嗣位未幾，輒思篡漢，皇天必不祚爾！」言罷，痛哭入宮。左右侍者皆歔欷流涕。

這結果很清楚：「帝顫慄不已。只見階下披甲持戈數百餘人，皆是魏兵。帝泣謂群臣曰：『朕願將天下禪於魏王，幸留殘喘，以終天年。』」

但是，妙的地方是，曹丕還要扭扭揑揑，不肯登位：

曹丕聽畢，便欲受詔。司馬懿諫曰：「不可：雖然詔璽已至，殿下宜且上表謙辭，以絕天下之謗。」結果是禪讓之事，一而再還不被接受，直至第三次：「帝從之，乃遣太常院官，卜地於繁陽，築起三層高臺，擇於十月庚午日寅時禪讓。

帝堯的傳位於舜，恐怕並不比以上的這段鬧劇，勝過多少。

38. 禪讓的真實性

早在戰國時代，已經有有識之士並不相信堯舜禪讓的這段故事。荀子在《正論》說：「**夫曰『堯舜禪讓』，是虛言也，是淺者之傳，是陋者之說也。**」

《韓非子 •說疑》說：「舜逼堯，禹逼舜，湯放桀，武王伐紂，此四人者，人臣弒其君者也。」

《竹書紀年》也說：「昔堯德衰，為舜所囚。舜囚堯，復偃塞丹朱，使父子不得相見也。」

晉朝發掘戰國時代魏襄王墓得出的《汲冢竹書》，其中一本是《竹書紀年》，另一本《瑣語》說：「舜囚堯於平陽，取之帝位，今見有囚堯城。」

《太平御覽》引袁子《法書》：「**堯避舜於濟陰，今定陶有堯冢，信乎？**」濟陰在漢朝改名叫「定陶」，也即是今日的山東省荷澤市定陶區。

基本上，除了儒家和墨家的文獻，沒有甚麼人相信「禪讓」這件荒謬事，皆因太過不符合人性。

39. 堯之死

《竹書紀年》記載，在「帝堯陶唐氏」的「七十三年春正月」，舜獲得法定執政地位，到了「一百年，帝陟于陶」，堯在老家死了。

《史記 • 五帝本紀》所說的比較詳細，但也吻合了年份：「**堯辟位凡二十八年而崩。百姓悲哀，如喪父母。三年，四方莫舉樂，以思堯。**」

由於舜已經實質執政多年，因此在政權交接之時，政治大致保持安定。《左傳 • 文公八年》說：「**是以堯崩而天下如一，同心戴舜，以為天子，以其舉十六相，去四凶也，**」

有一個技術上的問題，就是授權攝政是一回事，但當君主死後，把位子傳給別家的人，雖然只是名義上，但又是另一回事了。這得另外的政治操作。

正如前文說過，舜應該不是一個人，而是父子，甚至是孫曾孫玄孫的世襲著「舜」這名號，否則從他受到賞識到堯的死亡，足足有 30年，之後還要執政 50年，人類不可有這麼長的壽命。

比較之下，自曹操「挾天子以令諸侯」，到曹丕篡掉漢室稱帝，一共花了 24年。曹丕死後，司馬懿手握大權，到其孫兒司馬炎登基，則花了 40年。兩者一個比舜的時間短，另一個則用了較長時間。然而，有意思的是，大致上，用的時間都差不了太多。

《史記 • 五帝本紀》的說法有點不同：「**堯老，使舜攝行天子政，巡狩。舜得舉用事二十年，而堯使攝政。攝政八年而堯崩。**」依照這個說法，則是舜在堯政府工作 20年後，才當攝政，在攝政 8年後，堯逝世。

40. 三年之喪

根據史書記載，舜為堯守了三年之喪，在這期間，他還不在中央政府，而是搬到別的地方，希望把位子讓給堯的兒子丹朱。《史記 • 五帝本紀》的記載：

堯崩，三年之喪畢，舜讓辟丹朱於南河之南。諸侯朝覲者不之丹朱而之舜，獄訟者不之丹朱而之舜，謳歌者不謳歌丹朱而謳歌舜。舜曰：「天也夫？」而後之中國，踐天子位焉，是為「帝舜」。

這裏說是眾臣民擁戴舜而不管丹朱：向舜朝覲，打官司時找舜當法官，歌頌舜，總之就是冷待丹朱，因此，在三年喪後，舜便正式登位了。

這當然是全不可信的虛構。但正如本書開宗明義所言，我的目的是試圖還原本來的面目，儘管這所謂的「真面目」也是虛構出來，也不無學術價值。這好比生物學家往往還原某種生物的原來基因，也即是找出「純種」，再來培養、繁殖。例如說，以美味聞名的雞的品種，清遠雞，中國人也已還原了其原始基因。儘管，清遠雞和地球所有的生物一樣，都是經過無數代的基因突變而生成，並不存在完全「純種」這回事。

《尚書 • 堯典》說：「**肇十有二州，封十有二山，濬川。象以典刑。流宥五刑。鞭作官刑，撲作教刑，金作贖刑。眚災肆赦，怙終賊刑。欽哉，欽哉！惟刑之恤哉！**」

要知道，帝堯是以不用刑著稱，但舜攝行天子之後，卻強調用刑了。原因為何，你懂的！

至於堯的兒子「丹朱」的故事，我放在堯的專著講，這裏不贅。

41. 考古記錄

陶寺遺址位於襄汾縣陶寺村南部，年代估計是在西元前2600年至 2000年之間，被認為是堯時期的國都，舜接堯位，國都應也是定在此地。

考古學家把陶寺文明分成早、中、晚三期。早期與中期、中期與晚期之間，發生了很大的文化突變，並且有明顯的暴力傾向。這被視為堯和舜之間的過渡，並不如儒家敘事系統所描述的和平，但相對於中期和晚期過渡的暴力，則又顯得非常「和平」了。至於中、晚期過渡的暴力狀況，我在「禹」和夏朝的專書，才會講到。

陶寺早期的城市總面積約為二百八十萬平方米，到了中期，則急增至四百萬平方米，證明人口急劇增長，國家的規模也大了。

從考古發掘出來的隨葬品可見，陶寺中期的陶器群，從實用製品和石質禮器，改為了玉器、漆器和彩繪陶器，可見得當時的生產水平和物質享受比起先前，均有著大幅進展。

由於沒有文字記錄，我們不可能肯定陶寺是否堯舜時期的國都所在，假設這是事實，也無法進一步推論出早、中期的變化是否出自堯舜之間的權力交替，皆因另有可能是堯舜之間的確是和平交接，因此在考古上見不到痕跡，這其實是舜禹交接時所發生的暴力事件的遺留，也說不定。

我為甚麼這樣說呢？話說早期陶寺的陶器，特別是彩繪陶器，大多可在大汶口文化墓葬中找到原型，兩地的大墓在葬儀方面也有許多共性。大汶口文化遺址在山東省泰安市岱嶽區大汶口鎮，大汶口文化年代距今約 4,500年至 6,500年。其下限剛好與陶寺文化的上限交接。

大汶口和舜的出身地之一的荷澤市，相距237公里。前文講過，舜的工作之一，就是向堯所處的都城提供陶器，所以陶寺擁有大汶口的產品，一點也不希奇。另有一個可能是，舜在當上了君主之後，才把大汶口文化帶到陶寺去。也因舜的搬遷，導致了大汶口化帶到了陶寺。

舜向堯提供陶器和後來把大汶口文化帶到陶寺，兩種可能性可以同時存在，並不矛盾。不過，陶寺早期文化究竟是包括了舜，抑或不包括，舜的統治時間只是在陶寺中期，以上兩種説法最多只能有一個是對。當然也有可能兩者均錯：陶寺文化遺址和堯舜無關，而是獨立的存在。

舜的統治究竟屬於大汶口文化的早期還是中期，這問題的重要性，在於判定他是否在過渡期間的暴力事件的真凶，這又牽涉到堯舜的禪讓/ 和平過渡是否真有其事。

42. 統治

《史記 • 五帝本紀》對舜的統治，主要是講他挑選了哪些人去主理不同的政事。相比之下，《尚書 • 堯典》記載堯統治時的政績，集中於天文曆法，以及治水，沒有其他了。

《史記 • 五帝本紀》講述舜向眾臣分配工作的情形，其實不過是照抄《尚書 • 舜典》的記述：

而禹、皋陶、契、后稷、伯夷、夔、龍、倕、益、彭祖自堯時而皆舉用，未有分職。於是舜乃至於文祖，謀于四岳，辟四門，明通四方耳目，命十二牧論帝德，行厚德，遠佞人，則蠻夷率服。

舜謂四岳曰：「有能奮庸美堯之事者，使居官相事？」皆曰：「伯禹為司空，可美帝功。」舜曰：「嗟，然！禹，汝平水土，維是勉哉。」禹拜稽首，讓於稷、契與皋陶。舜曰：「然，往矣。」

舜曰：「棄，黎民始饑，汝后稷播時百穀。」

舜曰：「契，百姓不親，五品不馴，汝為司徒，而敬敷五教，在寬。」

舜曰：「皋陶，蠻夷猾夏，寇賊姦軌，汝作士，五刑有服，五服三就；五流有度，五度三居：維明能信。」

舜曰：「誰能馴予工？」皆曰：「垂可」。於是以垂為共工。

舜曰：「誰能馴予上下草木鳥獸？」皆曰：「益可。」於是以益為朕虞。益拜稽首，讓于諸臣朱虎、熊羆。舜曰：「往矣，汝諧。」遂以朱虎、熊羆為佐。

舜曰：「嗟！四岳，有能典朕三禮？」皆曰：「伯夷可。」舜曰：「嗟！伯夷，以汝為秩宗，夙夜維敬，直哉維靜絜。」伯夷讓夔、龍。舜曰：「然。以夔為典樂，教稚子，直而溫，寬而栗，剛而毋虐，簡而毋傲；詩言意，歌長言，聲依永，律和聲，八音能諧，毋相奪倫，神人以和。」夔曰：「於！予擊石拊石，百獸率舞。」

舜曰：「龍，朕畏忌讒說殄偽，振驚朕眾，命汝為納言，夙夜出入朕命，惟信。」舜曰：「嗟！女二十有二人，敬哉，惟時相天事。」三歲一考功，三考絀陟，遠近眾功咸興。分北三苗。

此二十二人咸成厥功：皋陶為大理，平，民各伏得其實；伯夷主禮，上下咸讓；垂主工師，百工致功；益主虞，山澤辟；棄主稷，百穀時茂；契主司徒，百姓親和；龍主賓客，遠人至；十二牧行而九州莫敢辟違；唯禹之功為大，披九山，通九澤，決九河，定九州，各以其職來貢，不失厥宜。

方五千里，至于荒服。南撫交阯、北發，西戎、析枝、渠廋、氐、羌，北山戎、發、息慎，東長、鳥夷，四海之內咸戴帝舜之功。於是禹乃興九招之樂，致異物，鳳皇來翔。天下明德皆自虞帝始。

以上文字並不難明，正如漢朝劉向寫的《説苑》所言：「**當堯之時，舜為司徒，契為司馬，禹為司空，后稷為田疇，夔為樂正，倕為工師，伯夷為秩宗，皋陶為大理，益掌敺禽……**」

這 9位內閣官員，早在堯時期，已經在中央政府「皆舉用」，只是「未有分職」，即是沒有專門的職責，可能還未是重要官員而已。另一個説法是，在堯時，官員未有專業分工，直至舜時才正式建立了分工的制度。

相信他們必然是舜的心腹，如今一手提拔，自然有把舊人拔掉，插入自己人的政治目的。這當然也是擴大了自己的統治班子，也有論功行賞的意味，有助於穩定自己的統治基礎。

奇怪的是「分北三苗」，與前文後理不符。這四字的字面解釋是「在北方分化三苗」，但前已言之，三苗的下場是被遷到了「三危」，即位於今日甘肅省敦煌市東南 25公里的三危山，變成了西戎，怎會無端端的到了北方？按文意，它應該是對應「三歲一考功，三考絀陟」。

不過，這句話也是原文照搬自《尚書 •舜典》，不排除搬錯了。

大家可以看出，舜執政時，訂立了地方政府與中央政府的禮節和覲見/ 巡狩的制度，也成立了不同的政府部門，各司其專職。而且還有了「三歲一考功，三考絀陟」的考勤制度。在《尚書 • 皋陶謨》中，也講出了皋陶制定法律的原則：

寬而栗。柔而立，願而恭，亂而敬，擾而毅，直而溫，簡而廉，剛而塞，彊而義，彰厥有常。吉哉！日宣三德，夙夜浚明有家。日嚴祇敬六德，亮采有邦，翕受敷施。九德咸事，俊乂在官。百僚師師，百工惟時。撫于五辰，庶績其凝。無教逸欲。有邦兢兢業業，一日二日萬幾。無曠庶官，天工人其代之。

天敘有典，勑我五典五惇哉！天秩有禮，自我五禮有庸哉！同寅協恭和衷哉！天命有德，五服五章哉！天討有罪，五刑五用哉！政事懋哉懋哉！

天聰明，自我民聰明，天明畏自我民明威。達于上下，敬哉有土。

在堯的時代，中央政府對地方政府和人民的管理比較寬鬆，可以說，黃河文明自此起，才算是開始有了一個有明確制度的政府，也即是初步建立了政治秩序。堯和舜兩代的差別，好比是美國立國後邦聯政府改制成為中央權力更大的聯邦政府所以才會有一句「天下明德皆自虞帝始。」

《容成子》的說法也是大同小異：

舜聽政三年，山陵不處，水潦不浴（即「谷」），乃立禹以為司工（即「空」）……天下之民居奠，乃飭食，乃立后稷以為田。后稷既已受命，乃食於野，宿於野，復穀豢土，五年乃穰。民有餘食，無求不得，民乃賽（？），驕態始作，

乃立皐陶以為李（即「理」）。

皐陶既已受命，乃辨陰陽之氣而聽其訟獄，三年而天下之人無訟獄者，天下大和均。舜乃欲會天地之氣而聽用之，乃立質以為樂正。質既受命，作為六律六呂，辨為五音，以定男女之聲。當是時也，癘疫不至，妖祥不行，禍災去亡，禽獸肥大，草木晉長。

昔者天地之佐舜而佑善，如是狀也。

43. 與西王母的外交關係

《世本》說：「**舜時西王母獻白環及玦。**」《尚書大傳》也說：「**舜以天德祠堯，西王母來獻白環五塊。**」

《百度百科》說：「西王母國是上古時期中國西部的一個奴隸制國家，又經過大量文學創作而被賦予了濃厚神話色彩。」

西王母國與中國的往來，根據歷史記錄，從黃帝至周穆王，沒有間斷過，橫跨了二、三千年，可見得這是西方的一個大國。一般認為，其所在地位於今日的敦煌、酒泉一帶。

《宋書 • 符瑞志》則說：「**舜與西王母同出於虞幕之後，西王母是虞幕之中一支西遷者，從中國之東遷到西部，故稱『西王母』。**」

44. 象的下場

《史記 • 五帝本紀》說舜在登位後，把常想謀殺他的弟弟象封了當諸侯：「**舜之踐帝位，載天子旗，往朝父瞽叟，**

夔夔唯謹，如子道。封弟象為諸侯。」

《孟子 • 萬章上》說象的封地「有庳」：「**象至不仁，封之有庳。**」

前文引了劉向《列女傳 • 有虞二妃》的前部份。現在把餘下部分也引出來，也是相同說法：

既納於百揆，賓於四門，選於林木，入於大麓，堯試之百方，每事常謀於二女。舜既嗣位，升為天子，娥皇為后，女英為妃。封象於有庳，事瞽叟猶若初焉。天下稱二妃「聰明貞仁」。

舜陟方，死於蒼梧，號曰「重華」。二妃死於江湘之間，俗謂之「湘君」。君子曰：「二妃德純而行篤。」《詩》云：「不顯惟德，百辟其刑之。」此之謂也。

頌曰：「元始二妃，帝堯之女，嬪列有虞，承舜於下，以尊事卑，終能勞苦，瞽叟和寧，卒享福祐。」

《括地志》說有庳在「鼻亭神在營道縣北六十里。」即是今日的湖南省永州市道縣北部，又名「鼻墟」、「鼻亭」，「鼻」與「庳」同音。注意：此地也即是後來舜駕崩的所在，九疑山。再注意：大象最特別的是其長鼻，「鼻墟」、「鼻亭」這名字，應是來自象。

45. 瞽叟

《山海經 • 西山經》說：「**又西北四百二十，曰『鍾山』，其子曰『鼓』，其狀如人面而龍身，是與欽殺葆江于昆侖之陽，帝乃戮之鍾山之東曰崖，欽化為大鶚，其狀如雕**

而黑文白首，赤喙而虎爪，其音如晨鵠，見則有大兵；鼓亦化為鵕鳥，其狀如鴟，赤足而直喙，黃文而白首，其音如鵠，見即其邑大旱。」

有人認為，這「鼓」就是「瞽叟」，理由是他「化為鵕鳥」，因「夋」也即是「舜」，後文會就此作出解說。後文也會講到，商朝的人的鳥崇拜，和舜和商的關係。純以文字解釋，好的馬是「駿」，好的鳥就是「鵕」。

也有人推測，「鼓」字意即「瞽」，殷時樂官，這也可導出為何舜會雅好音樂。

46. 音樂

舜很注重音樂，並以此來作為政治手段。前引《史記 • 五帝本紀》說：

舜曰：「然。以夔為典樂，教稚子，直而溫，寬而栗，剛而毋虐，簡而毋傲；詩言意，歌長言，聲依永，律和聲，八音能諧，毋相奪倫，神人以和。」

夔曰：「於！予擊石拊石，百獸率舞。」

《尚書 • 益稷》也有記載舜舉辦的音樂盛典：

夔曰：「戛擊鳴球、搏拊、琴、瑟、以詠。」

祖考來格，虞賓在位，群後德讓。下管鞀鼓，合止柷敔，笙鏞以閒。鳥獸蹌蹌；《簫韶》九成，鳳皇來儀。夔曰：「於！予擊石拊石，百獸率舞，庶尹允諧。」

帝庸作歌，曰：「勑天之命，惟時惟幾。」乃歌曰：「股肱喜哉！元首起哉！百工熙哉！」

皋陶拜手稽首颺言曰：「念哉！率作興事，慎乃憲，欽哉！屢省乃成，欽哉！」乃賡載歌曰：「元首明哉，股肱良哉，庶事康哉！」又歌曰：「元首叢脞哉，股肱惰哉，萬事墮哉！」

帝拜曰：「俞，往欽哉！」

事實上，「虞」字和「樂」本來是同一字，《說文解字》說：「**娛，樂也。古多借虞為之。從女。吳聲。虞俱切。**」

除此以外，舜還發明了五弦琴。《禮記 • 樂記》說：「**昔者舜作五弦之琴，以歌《南風》。**」注意：文獻說，琴是伏羲氏發明的。舜只是發明了五弦琴。

《史記 • 樂書》講得更詳細：「**舜歌《南風》而天下治，《南風》者，生長之音也。舜樂好之，樂與天地同意，得萬國之歡心，故天下治也。**」

三國時王肅收集編撰的《孔子家語 • 辯樂解》錄下了《南風》的歌詞：「**南風之熏兮，可以解吾民之慍兮！南風之時兮，可以阜吾民之財兮！**」

「阜」是「豐富」的意思。這首詩的原意就是：南風吹來，可以開解人民的不快。南風吹的時節，可以令到人民賺錢。這裏的「南風」指的是秋天的風，不單令人舒暢，而且秋收日子還可以帶來財富。

舜還是簫的發明者，《世本》說：「**簫，舜所造。其形參差象鳳翼，十管，長二尺。**」這裏說的是「排簫」，現代流行的都是單管蕭。在舜之後，有了更多管的簫，魏朝訓詁學者張揖在《廣雅 • 釋樂器》說：「**簫，大者二十四管，無**

底；小者十六管，有底。」

說明一下：簫有封底、不封底之分，排簫通常封了底部，單管的叫作「洞簫」，通常不封底。

47. 法治與秩序

相對於堯的仁慈，後世對舜的評價，是他製造出來的法治社會，也即是說，他建立了由中央政府主導的秩序。戰國時代成書的《管子》說：「**舜非嚴刑罰，重禁令，而民歸之矣。**」

《孟子 • 萬章上》有一段有趣評論：

萬章曰：「舜流共工于幽州，放驩兜于崇山，殺三苗于三危，殛鯀于羽山，四罪而天下咸服，誅不仁也。象至不仁，封之有庳。有庳之人奚罪焉？仁人固如是乎？在他人則誅之，在弟則封之。」

有關舜的弟弟象的故事，雖不不可信，但指責說帝舜對敵人如此殘忍，對也是壞人的弟弟非但不殺，還封地給他，在崇拜堯舜的儒家學生而言，這是非常有趣的評論，也坐實了舜的辣手無情。

不根據戰國古書《慎子》引述孔子云：「**有虞氏不賞不罰，夏后氏賞而不罰，殷人罰而不賞，周人賞且罰。**」從這說法，則可見得戰國時人們認為舜和堯一樣，雖然立了法律，但不常用，也算是無為治國，也許是和後世的尺度相比吧。畢竟，無論是賞是罰，都需要付出成本，而這成本在初民社會，政府不一定付得出來。

「不賞不罰」的說法，應是來自《容成子》這一段：「皐陶既已受命，乃辨陰陽之氣而聽其訟獄，三年而天下之人無訟獄者，天下大和均。」

郭店楚墓竹簡發掘出來的《唐虞之道》有云：

《虞詩》曰：「**大明不出，萬物皆暗。聖者不在上，天下必壞。」治之至，養不肖。亂之至，滅賢。仁者為此進，（明）禮、畏守、樂遜，民教也。皋陶入用五刑，出載兵革，罪輕法（也）**。

這裏說的主題，正是舜以法律建立了秩序。

48. 學校

《禮記 • 王制》說：「**有虞氏養國老於上庠，養庶老於下庠。夏后氏養國老於東序，養庶老於西序。殷人養國老於右學，養庶老於左學。周人養國老於東膠，養庶老於虞庠。虞庠在國之西郊。**」

「庠」的意思是「學校」。鄭玄的注是：「上庠，右學，大學也。」「下庠……小學也，在國中王宮之東。」唐朝孔穎達的疏解是：「**國老，謂卿大夫致仕者；庶老，謂士也。**」

這即是說，卿大夫，也即是高級官員，退休後，住在大學。士，也即是低級官員，退休後，住在小學。當然，那時在大學和小學之間，並沒有中學。相信這是俾使退休官員可以把自己的經驗傳授給下一代。

根據《百度百科》，「膠」是「古代大學之稱，後泛指學校」，我猜想這很可能等同「校」字。

鄭玄又注：「**虞庠亦小學也。西序在西郊，周立小學於西郊……周之小學為有虞氏之庠制，是以名『庠』云。其立鄉學亦如之。**」

換言之，「庠」這種學校制度是由舜發明的，因而叫作「虞庠」。

49. 評價

《大戴禮記・少閒》對舜的統治的總結是：「**昔虞舜以天德嗣堯，布功散德，制禮朔方，幽都來服，南撫交趾，出入日月，莫不率俾。西王母來，獻其白琯，粒食之民，昭然明視，百姓明教，通于四海。海外肅慎，北發渠搜，氐羌來服，舜崩而後，有禹代興。**」

「交趾」是今日的越南，「肅慎」是位於今日中國東三省的民族，「渠搜」則位於今日的甘肅省，是以前的西戎。舜的統治當未到這些地方，不過《大戴禮記》的作者戴聖是西漢時人，是以當時的狀況，去忖度舜時的處境。

堯和舜的統治時期被後世的儒家美化為君主統治人民的典範，是歷史上最美好的年代，是為之「堯天舜日」。

這成語出自宋朝和尚釋文珦一首叫《梅雨》的五言律詩：「梅雨無時下，霖淫一月餘。重陰迷早晚，常課廢經書。衣潤無由曝，園荒亦欠鋤。堯天舜日遠，懷抱若為舒。」這首詩也有所本，本於南朝沈約的《四時白紵歌》。這一共分為五首七言詩：春白紵、夏白紵、秋白紵、冬白紵、夜白紵，每詩八句，最後四句均為「翡翠羣飛飛不息，願在雲間長比翼。佩服瑤草駐容色，舜日堯年歡無極。」

因此，這成語又稱為「舜日堯年」。

50. 諡號

「舜」並非名字，而是死後封的諡號。根據東漢學者蔡邕寫的《帝諡》說：「**仁聖盛明曰『舜』。**」

換言之，他終其一生，都沒聽過別人稱他為「舜」，而這個諡號，從來只有他一人使用過，變成了專用名詞/ 名字。我也很懷疑蔡邕的說法是否屬實、這個字是否諡號。

51. 禹的崛起

不過，《竹書紀年》在「帝舜有虞氏」也說：「**十四年，卿雲見，命禹代虞事。**」

換言之，舜只掌權了 14年，其後的 36年，實質的統治者已是禹了。還記得先前我們統計過，舜簒堯用了 28年，曹氏簒漢用了 24年，司馬簒曹用了 40年，大家謀朝簒住所用的時間驚人地相近。

至於「卿雲」，《史記 • 天官書》曰：「**若煙非煙，若雲非雲，鬱鬱紛紛，蕭索輪囷，是謂『卿雲』。卿雲見，喜氣也。**」換言之，即是「祥端」。

更可能因有此「祥端」出現，特意譜了歌曲，所以《尚書大傳》說：「**舜為賓客，禹為主人，百工相和而歌《卿雲》，於時八風循通，卿雲藂叢。**」注意，這是身為君主的舜已經是賓客了，而禹則是主人。」

《尚書 •舜典》最後一段，為舜作出總結：「**帝釐下土方，設居方，別生分類。作《汩作》、《九共》九篇、《槀飫》。**」

「下土方」是一個常見詞語，相對於「天」，意即「人間世界」。如《詩經 •商頌 •長髮》說：「**洪水芒芒，禹敷下土方。**」這句的「敷」字指「走遍」。《楚辭 •天問》也有一句：「禹之力獻功，降省下土方。」這裏的「降」指「紆尊降貴」，「省」指地方，即是禹「放下身段到地方視察」。

孔安國注《尚書》說：「釐，治也。」即是「治理」的「理」。

因此，「帝釐下土方」的意思，是「舜管治人間世界」，至於「設居方」，我對其他人的解釋都不滿意，自行解為「建築了自住的宮殿」，「別生分類」的字面意思是「分門別類」，意即「對所有事物都作出了規範」，正如前文講到的禮儀和制度。

《汩作》、《九共》等九篇是文章，現已不存。「汩」是「水流得很急」，可解作「滔滔不絕」。「九共」即「九州」。《槀飫》是舞曲，也已失傳，其意思是犒勞，孔安國的的注是：「槀，勞也。飫，賜也。」

按照前述的歷史規律，應該是上一代的舜死了之後，由下一代的年輕的舜繼任，因而給予禹有了奪權的機會。

52. 舜的在位年期

《竹書紀年》在「帝舜有虞氏」說：「五十年，帝陟。」

《尚書 • 舜典》的說法是他 30歲被堯徵召去中央政府任職，當了攝政 30年，正式當了君主 50年後才死翹翹：**舜生三十徵庸，三十在位。五十載，陟方乃死。**

《史記 • 五帝本紀》則說他當了 39年君主：「**舜年二十以孝聞，年三十堯舉之，年五十攝行天子事，年五十八堯崩，年六十一代堯踐帝位。踐帝位三十九年，南巡狩，崩於蒼梧之野。葬於江南九疑，是為零陵。舜之踐帝位，載天子旗，往朝父瞽叟，夔夔唯謹，如子道。封弟象為諸侯。**」

現時湖南省永州市又稱為「零陵」，也即是下文講到的「九疑山」的所在，據說就是舜的下葬之地，也曾經是其衣冠塚之地。

另一個說法則是《孟子 • 離婁下》說的：「**舜生於諸馮，遷于負夏，卒於鳴條。**」

「鳴條」位于今日山西省運城市安邑縣的鳴條崗，但人們較多相信舜死於養蒼梧之野/ 九疑，不大相信「卒於鳴條」之說。

漢朝的孔安國注《尚書》則說舜活了 110歲：「**通服堯喪三年，其一共三十之數，凡壽一百一十一歲。**」

53. 葬地

孔安國就《尚書 • 舜典》「五十載，陟方乃死」的注是是：「**死蒼梧之野，因葬焉。**」

按明朝王惟儉寫的《史通訓故》說：「**按蒼梧者，於楚則川號『汨羅』，在漢則邑稱『零桂』，地總百越，山連五**

嶺。」

《維基百科》的「汨羅江」條説：「汨羅江發源於江西省修水縣黃龍山梨樹堝，經修水縣白石橋，於龍門流入湖南省平江縣境內，向西流經平江城區，自汨羅市轉向西北流至磊石鄉，於汨羅江口匯入洞庭湖。汨羅江分為南北兩支，南支稱汨水，為主源；北支稱羅水，至汨羅市屈譚（大丘灣）匯合稱「汨羅江」。幹流長度 253公里，流域面積達 5543平方公里，為東洞庭湖濱湖區最大河流。」

這條「汨羅江」，就是楚國詩人屈原投江自殺的那一條。此悲壯之舉為後世人帶來了「端午節」假期。

根據古籍記載，「蒼梧之野」也即是九疑山。《山海經•海內經》説：「**南方蒼梧之丘，蒼梧之淵，其中有九嶷山，舜之所葬。**」《水經注》説：「**蒼梧之野，峰秀數郡之間，羅岩九峰，各導一溪、岫壑負阻，異嶺同勢。游者疑焉，故曰：『九嶷山。』**」

九嶷山又叫「蒼梧山」，前面講過，它位於永州市，是一座名山。唐朝的孟浩然詩云：「早聞牛渚詠，今見鶺鴒心。羽翼嗟零落，悲鳴別故林。蒼梧白雲遠，煙水洞庭深。萬里獨飛去，南風遲爾音。」

毛澤東也有詩云：「九嶷山上白雲飛，帝子乘風下翠微。斑竹一枝千滴淚，紅霞萬朵百重衣。洞庭波湧連天雪，長島人歌動地詩。 我欲因之夢寥廓，芙蓉國裡盡朝暉。」詩中的「帝子」，就是舜。

現時九疑山有「舜陵」，陵墓有建廟，後設碑亭一座，亭內豎隸書：「帝舜有虞氏之陵」石碑一座，並有石雕俑群。

此外，古代還有另外三個「蒼梧山」或「九疑山」。一是今日的江蘇省連雲港的雲台山，唐宋時叫「蒼梧山」，明天啟年間才改叫「雲台山」。

唐朝詩人李白誤以為日裔好友阿倍仲麻呂/ 晁衡在海上遇難，寫了一首《哭晁卿衡》：「日本晁卿辭帝都，征帆一片繞蓬壺。明月不歸沉碧海，白雲愁色滿蒼梧。」

宋朝的文化人蘇軾有一首《次韻陳海州書懷》云：「鬱鬱蒼梧海上山，蓬萊方丈有無間。舊聞草木皆仙藥，欲棄妻孥守市闤。雅志未成空自歎，故人相對若為顏。酒醒卻憶兒童事，長恨雙鳧去莫攀。」

所謂的「次韻」，即是有一首原詩，然後按照原詩的韻和用韻的次序來和詩，這是古代文人互相交流玩的把戲。

以上兩首詩所及的「蒼梧山」即是今日的「雲台山」。

二是在廣西梧州白雲山，古時叫作「九疑山」。以前這裏還有舜帝廟，《梧州府志》記載：「**舜帝廟在大雲山麓錦雞岩，久廢。乾隆三十五年知府吳九齡重建故址，春秋拜祭。**」

三是山西省南部的中條山，此地以前有「蒼陵谷」，或許是「蒼梧」名字的由來。後文也會提到此山。

「舜帝陵」位於今日的運城市鹽湖區鳴條崗，是國家AAAA級旅遊景區，佔地 1,778畝，包括舜帝陵廟、舜帝公園和博物館三大部分。此地是舜製陶之地，也是夏朝的中央政府所在。此陵始建於 738年，即唐朝開元年間，陵廟之前有兩組古柏，樹齡約4,000餘年，相傳是禹為舜所植。

此外，屬於運城市管理的永濟市也有「舜帝山」，亦稱「舜帝源」，也是在中條山脈，規劃面積21平方公里。

54. 妻子殉夫

前面講過，舜有三個有記載名字的妻子，一是娥皇，二是女英，三是《山海經 • 海內北經》提過的「登比氏」。《禮記 • 檀弓上》說：「**舜妻登比氏舜葬於蒼梧之野，蓋三妃未之從也。**」

晉朝羅含寫的地理作品《湘中山水記》說三妃雖然沒殉夫，但痛哭至眼流出血：「**舜巡狩蒼梧而崩，三妃不從，思憶舜，以淚染竹，竹盡為斑。**」這故事引申出成語「三妃淚血。

不過，也有人覺得舜這麼偉大的君主，死後太太不殉情，實在說不過去。因此，到了漢朝，劉向寫的《列女傳》說：「**舜陟方，死於蒼梧，號曰『重華』。二妃死于江湘之間，俗謂之『湘君』。**」

晉朝的張華在《博物志 • 史補》：「**舜崩，二妃啼，以涕揮竹，竹盡斑。今江南有『斑竹』、『湘妃竹』之說，蓋出於此也。**」

55. 湯伐桀的「巧合」

《容成子》講夏朝亡國君主桀被商朝開國君主湯的追殺的一段故事差堪玩味：「桀乃逃之曆山氏，湯又從而攻之，降自鳴條之遂，以伐高神之門。桀乃逃之南巢氏，湯又從後攻之。遂逃去蒼梧之野。湯於是乎徵九州之師，以略四海之內，於是乎天下之兵大起，於是乎亡宗戳族殘群焉備。」

《史記：夏本紀》的説法是：「湯遂率兵以伐夏桀。桀走鳴條，遂放而死。」

對比桀的逃亡路線，曆山是舜耕種的地方，蒼梧之野也是舜死亡的地方。如果採取《孟子 • 離婁下的説法：「**舜生於諸馮，遷于負夏，卒於鳴條。**」則舜和桀皆死於鳴條。

前文講過的最後一處「蒼梧山」的位置，正是位於山西省南部的中條山，也即是運城市，以及鳴條的所在地。

以上不可能是巧合，必然有一條看不到的線，我會在講禹和夏朝初建的專書，才對此主題作出分析。

虞

1. 有虞氏

《竹書紀年》把舜全稱作「帝舜有虞氏」，皆因他是「虞」這氏族的族長。

《司馬法 • 天子之義》説：「**有虞氏戒于國中，欲民體其命也。夏后氏誓於軍中，欲民先成其慮也。殷誓於軍門之外，欲民先意以待事也。周將交刃而誓之，以致民志也。**」

這段話的意思是：虞朝的君主在國內告誡民眾，希望人民理解他的命令。

夏朝的君主在軍中誓師，為了使軍人先有思想準備。

商朝的君主在軍門外誓師，是為了軍隊事先理解行動的細節，以便作戰。

周朝的君主在兩軍交鋒之前誓師，是為了激勵士卒的士氣。

無論如何，這段把有虞氏、夏后氏、殷、周並列，證明了在當時人的心目中，這四個朝代的地位是相等的。

《莊子 • 大宗師》也提到有虞氏：「**夫道……彭祖得之，上及有虞，下及五伯。**」這裏的「五伯」，指的是「春秋五霸」，即春秋時代五個建立了霸業的君主。

2. 有、高、大、おお、ご

有虞氏、有鬲氏、有莘氏、有窮氏、有巢氏、有男氏、有仍氏、有緡氏、有熊氏、有娀氏、有易氏、有過氏等等等，這個「有」字，是助詞，這也是公認的說法了。

顓頊是「高陽氏」，帝嚳是「高辛氏」，大禹則是「高密」，嗯，古書從來沒有把「高密」後面加上「氏」字。很明顯，這個「高」字是意譯，也可以說是尊稱，有著崇敬的意味。

另外一個常用的氏族名稱助詞，是「大」，例如有巢氏又稱為「大巢氏」、有易氏是北方的外族，即「狄」的尊稱，有娀氏則是南方的外族，即「戎」的尊稱。

這令我想到，日文名字也會冠上助詞，例如「御」，巧合地和「有」字的現代讀音差不多。不過日文的「御」通常讀作「おお」（oo），但這讀法又有「大」的意思。再蹝巧的是，有時其冠詞不讀「おお」，而讀「ご」（go）例如「ご飯」，偏偏這個字的讀音又和「高」字差不多。

文法上，我們可把「御」視作冠詞的一種，即英文的「the」，法文的「le」或「la」。事實上，很多語言都存在冠詞，不過日文有的名詞有用「御」，有的則不用，並沒有死硬的規則。至於中文，文法上沒有冠詞，但是歷代皇朝的正統叫法從來不是一個單字，如「漢」是「大漢」，「唐」是「大唐」，「宋」是「大宋」，「明」是「大明」，「清」是「大清」。

我不知古時的「高」、「大」、「有」的讀音。我的日文只是 ABC程度，更加不識古日文的讀音。以上的說法，有點像某些人把「Indian」譯成「殷地安」，因而推論出印第安人就是商（殷）朝人的後代，簡直是胡扯。不過，縱然是胡扯，我也覺得有趣。

3. 商均的出生

皇甫謐在《史記集解》說：**娥皇無子，女英生商均。**

4. 義均與倕

商均又名「義均」。《竹書紀年》說：「**帝舜二十九年，帝命子義均封于商，是謂『商均』。**」

這位「義均」在《山海經 • 海內經》也有記載：「**帝俊生三身，三身生義均，義均是始為巧倕，是始作下民百巧。**」

「巧倕」的意思是：名叫「倕」的巧手匠人。東晉時期的郭璞的注是：「**倕，堯巧工也。**」《呂氏春秋 • 古樂》則說指「倕」是嚳時代的官員，專門製作樂器：「**帝嚳命有倕作為鼙、鼓、鐘、磬、笭。**」

這個「倕」在後世成為了巧手匠人的祖師爺，如《莊子 · 胠篋》說：「**攦工倕之指，而天下始人有其巧矣。**」《後漢書 · 崔駰傳》說：「**應規矩之淑質兮，過班倕而裁之。**」

換言之，這些人並不同意：商均 =義均 =倕。他們認為商均和倕是不同的的兩人，並且忽略了義均的存在。

《山海經 • 海內經》講了巧倕的下場：「**北海之內，有蛇山者，蛇水出焉，東入於海。有五采之鳥，飛蔽一鄉，名**

曰『翳鳥』。又有不距之山，巧倕葬其西。」

有說「義均」後來因被封在「商」地，因而改名為「商均」。不過，我懷疑這個「義」字，來自他把江山送給禹，因此「義」舉而被冠的尊號。畢竟，在當時，人的名字多是一個字，如果是兩字，不是綽號，如窮奇、饕餮，就是其中一字是冠號，如后稷、女英。

注意：這裏的「名字是一個字」，並不代表它是單音節，這只是一個圖形/ 圖法。古代的象形文字，一張圖法可以有不止一個音節，只是後來按圖讀字，簡化了讀音。

《山海經 • 海內經》說：「**后稷是播百穀，稷之孫曰『叔均』，是始作牛耕。**」這這個「叔均」應也是「商均」。

人們很早便懂得耕作，但從人手耕作進化到用牛去耕作，是技術大躍進。現時人們認為，中國牛耕是始於春秋戰國時代，但這指的是大規模的使用牛來耕種，發明和在小範圍內使用，又是另一回事。

是我們可以對照後文講的「夔牛」，以及后稷和商氏族的關係，便可摸出其線索。

5. 失位

正如舜對堯一樣，禹對著舜也是先當攝政，後來當舜死後，正式踢走商均，自己當君主，理由也是：舜在生前，已預先指定禹為接班人。本來禹並不想當君主，想把位子讓給商均。然而，商均的能力不勝任當，因此諸侯都擁護禹，禹只好勉為其難，接任君主之位。不過，商均也有自己的領土，以供奉先人。商均可以繼續穿著他的衣服，以及用他的禮樂。在他與禹二人相處時，禹也沒有把他當作下屬。

這裏有兩句差堪玩味的：「服其服，禮樂如之。」這反證出，在這之前，商均一直穿的是君主的衣服，用的是君主的禮儀，奏的是君主的音樂，這證明了，商均曾經當過君主。否則，根本不用特別說出禹批准商均繼續穿著原來的衣服，和繼續使用其固有的禮樂。

說穿了，禹只是師舜的故法，皆因舜奪位之後，也是如此對待堯的兒子丹朱：把他當作「賓客」，而非臣子，稱為「虞賓」。

6. 虞國

《史記正義》引用魏晉時期的史學家譙周的說法，說禹「以虞封舜子，今宋州虞城縣。」

為甚麼禹會「以虞封舜子」？皆因舜的國號是「虞」。《元和姓纂》說：「**舜有天下，號曰『虞』，子商均封虞，因以為氏**」

「虞城縣」也即是今日河南省商丘市東部。

問題在於，究竟商均被封於虞，是舜的決定，還是禹的決定？因為，這不排除是舜把此地封了給商均，其後禹把商均派往、永留在此地。

要知道，延至漢朝為止，中國一直採用「食邑」制度：官員在中央政府任職，皇帝則把一塊地派了給他，作為「食邑」，這塊土地的生產全算是官員的酬勞，官員則派家人、親信、奴僕在這塊土地工作，皆因迄至當時，中國人還未發明用米或銀子來「發薪水」。

這正如在英國，王太子的封地是威爾斯，因此王太子必然也是「威爾斯親王」。但這個身分和他的王太子身分並不矛盾，可以並存。所以，商均在當太子時，也大可以有自己的封地/ 食邑。

然而，唐太宗李世民第四子魏王李泰主編的《括地志》卻說：「虞國，舜後所封邑也。」如果這是「舜後」始封的，則這就不關舜的事，是禹的所為了。

近代有人提出一個問題，就是：商均被封在商地，為何這地方不照慣例，叫作「商」，而繼續叫「虞」？這有無限可能的解釋，我想到兩個：一是禹是用武力手段把商均驅逐到此地，因此商均仍然要維持「虞」這塊正統招牌。二是後世有一個強大的商朝，後人為免混淆，遂把此稱為「虞」，以作區別。

三，也是最大的可能，是「商均」這名字是其後改的，當時並不叫這名字。後文會進一步討論「虞」和「商」的關係。

7. 商均墓

商均墓位於商丘市虞城縣利民鎮西南三里的商均墓村，墓塚殘高 4米，周長 110米，面積 960平方米，清朝時曾經修葺過，2011年商丘市人民政府公佈為重點文物保護單位。

《虞城縣志》說：「**商均古墓，乃虞舜帝子商均墓也。封于商，墓在虞城西南三里許。望若峻嶺，土多砂薑碎石，**

遇大雨，聞或濯出五銖錢，四梁閃爸。舊有祠宇一所，後廢。止存新舊二碑。」

清朝的河南歸德府知府王鳳生在《宋州從政錄》中說：「**虞城縣又西南三里許、有商均古墓、遺跡猶在。**」

此墓的墓志銘曰：

帝王莫盛於堯舜，堯舜之功德與天地並。是故崇報之典，在上世封建時帝王之胄皆有爵士以奉祭祀。虞城始封之祖乃舜子商均也。商均之德誠劣，然近啟虞思之哲孫，潛養少康以興夏，遠嗣閼父之裔佐周職為陶正，胡公之封陳國備三恪，則商均之創垂久矣。神明之裔未可以不似聖父而少之也。

8. 窮蟬與虞幕

這個「虞」是怎來的？

我認為，這應是「姚」字的演化，兩字近音類似，古音很可能相同，只是採用了不同的圖法，因此後來演化成為兩字。還有，我在前文講過，我懷疑「姚」字可能出自「堯」字，舜用此來證明自己是舜的合法傳人。

《國語 •鄭語》說：「**夫成天下之大功者，其子孫未嘗不章，虞、夏、商、周是也。虞幕能聽協風，以成樂物生者也。夏禹能單平水土，以品處庶類者也。商契能和合五教，以保于百姓者也。周棄能播制百穀蔬，以衣食民人者也。其後皆為王公侯伯。**」

虞幕、夏禹、商契、周棄，後三者均是一朝之始祖，照此去推論，虞幕也應是虞朝，即是有虞氏，即舜的朝代的始祖。問題是，誰是「虞幕」呢？

《國語 • 魯語上》也說：「幕，能帥顓頊者也，有虞氏報焉；杼，能帥禹者也，夏后氏報焉；上甲微，能帥契者也，商人報焉；高圉、太王，能帥稷者也，周人報焉。」

已知夏后氏是禹的後人，上甲微是契的後人，也是商人的先祖，高圉、太王都是稷的後人，周人的先祖，照這語法類推，（虞）幕應是顓頊的後人，有虞氏的先祖。

再對照清末官員王廷贊寫的《泗志鉤沉》：「顓頊封其庶子窮蟬于姑幕。」這個「幕」字，應是虞「幕」的來源。

《帝王世紀》說：「**顓頊生窮蟬，窮蟬有子曰『敬康』，生勾芒。勾芒有子曰『橋牛』，橋牛生瞽瞍。妻曰『握登』，見大虹，意感而生舜于姚墟……**」

《左傳 • 昭公八年》說：「**史趙曰：『自幕至於瞽瞍，無違命，舜重之以明德，寘德於遂。』**」

說這說法，舜的先祖是窮蟬，窮蟬就是虞幕，也即是顓頊的庶子。顓頊把他封在今日的山東省日照市，封地叫作「虞」。如果此說屬實，則先有「虞」而後有「姚」，「姚」反而是來自「虞」。

然而，這也不排除先後次序錯亂，皆因古人不時會反推，把後人的取名取代了前名，例如「紂」王的本名是「受」，「紂」是他死後才冠以的惡名，但後人皆稱他為「紂」而不稱其本名「受」。故此，「虞」是舜在其後反封其先祖「幕」，也可成立。

我之所以要作此解釋，皆因「姚」和「虞」出自「堯」，是我的發明/ 推測，但如果虞幕時已有這「虞」字，則我的推測必然是錯。我當然要捍衛我的一得之見，以免淪為一「失」之見，哈哈。

9. 虞與華

「虞、夏」常常會放在一起，代表了這兩個黃河文明的早期朝代。《韓非子 •顯學》說：「**殷、周七百餘歲，虞、夏二千餘歲，而不能定儒、墨之真，今乃欲審堯、舜之道於三千歲之前，意者其不可必乎！**」

《周易 •屯卦》有一句：「六三，**即鹿無虞，惟入于林中；君子幾不如舍。往吝。**」這句話的意思是：「追鹿追到很接近，雖然沒受傷，但鹿已進入林中。貴族大人差不多要放棄了。往前，將會後悔。」

1973年，湖南長沙馬王堆漢墓出土的帛書，把「即鹿無虞」寫作「即鹿無華」，這證明了，在古時，「虞」和「華」兩字相通。

推論下去，舜之名「重華」，「重」是「重瞳」，「華」就是「虞」，如此，這名字就能解通了。

同樣原理，所謂的「華夏」，也即是「虞夏」，這和「秦漢」、「魏晉」、「明清」是同一原理。

10. 虞與吳

在古文，「虞」字和「吳」字相通。甲骨文並沒有「虞」字」，只有「吳」字。

1993年出土的郭店楚墓有一篇《唐虞之道》，其原文第一句其實是「**湯吳之道，口而不口。堯舜之王，利天下而弗利也。**」被專家譯為「**唐虞之道，禪而不傳**」。

《史記 •周本紀》說：「古公有長子曰『太伯』，次曰『虞仲』。」《吳越春秋 •吳太伯傳》則說：「古公三子，長曰『太伯』，次曰『仲雍』，雍一名『吳仲』，少曰『季歷』。」

《左傳 •僖公五年》引述虞國大夫宮之奇對虞公說的話：：「**大伯，虞仲，大王之昭也，大伯不從，是以不嗣。**」

因此，「虞仲」也即是「吳仲」。

又如《詩經 •周頌）說：「**絲衣其紑、載弁俅俅。自堂徂基、自羊徂牛。鼐鼎及鼒、兕觥其觩。旨酒思柔。不吳不敖，胡考之休。**」

這首詩的主題是周朝貴族舉行祭祀之後的翌日，宴請工作人員吃飯所用的歌曲。這裏的「不吳不敖」意即：「不嘈吵，不傲慢」。

正如前文講過，「虞」和「華」相通，「華」也解作「喧譁」的「譁」。

《說文解字》說：「吳，大言也。」因而這個字的本身也有「大聲說話」的意思。

有趣的是，加上「女」旁的「娛」字，以及先前講過舜很喜愛音樂，這些字歸根同源，加起來就是：「娛樂」，即是女性在大聲唱歌。

金文的「吳」字，好像是一個人把一張大口拿在手上。

「不吳不敖」，《史記•孝武本紀》引作「**不虞不驁**」，再一次證出「吳」即是「虞」。

前文講過，浙江省的餘姚是「舜後支庶所封之地」，而今日的浙江省、江蘇省等地，早在商朝時，已被稱為「吳」。後來在春秋戰國時，有和越國爭霸的吳國，到了三國時，則有孫權的「東吳」。

這片地區，向來以生產陶器著名，到了商朝時，已研發出原始的瓷器，也即是「青瓷」。其後不斷改進技術，蘇州陶瓷，直至今日，仍然是世界頂級的工藝品。大家到蘇州博物館遊覽，當可一睹其美。

《山海經》有一些「吳」的記載，如《海內東經》說：「**雷澤中有雷神，龍身而人頭，鼓其腹。在吳西。**」

「雷澤」是今日山東省與河南省交界的地方。換言之，這裏說的「吳」，並非指今日江蘇省、浙江省，而是指周朝時虞國的所在。

《大荒西經》說：「**有人名曰『吳回』，奇左，是無右臂。**」郭璞的注是：「**即『奇肱』也。吳回祝融弟，亦為火正也。**」奇肱之國在今日的甘肅省隴南市文縣。

《海內經》說：「**炎帝之孫伯陵，伯陵同吳權之妻阿女**

緣婦，緣婦孕三年，是生鼓、延、殳。」

以上三段《山海經》的記載，「吳」又寫作「虞」，證明兩字在古時相通。

甲骨文有一字，從「虍」從「大」，也被懷疑是疑「虞」字。民國時代的古文字家葉玉森說：「古之虞人，乃掌田獵之官。獵時或披虎首以攝群獸，故其字從虍從大。大乃人形。」

11. 虞思

《左傳 •哀西元年》記載了夏朝時，有過氏的「澆」把夏國滅亡了，殺掉了其君主「相」。相的妻子「緡」逃了出去，生下遺腹子「少康」。澆追殺少康，少康逃到了虞國，虞國君主「思」把兩個女兒，「二姚」嫁給少康，並且給他土地，以及五百兵士。終於，少康滅掉有過氏，成功復國，是為「少康中興」。

這段故事的原文是：

昔有過澆，殺斟灌以伐斟鄩，滅夏后相，後緡方娠，逃出自竇，歸於有仍，生少康焉，為仍牧正，惎澆能戒之，澆使椒求之，逃奔有虞，為之庖正，以除其害，虞思於是妻之以二姚，而邑諸綸，有田一成，有眾一旅，能布其德，而兆其謀，以收夏眾，撫其官職，使女艾諜澆，使季杼誘豷。遂滅過戈，復禹之績。祀夏配天，不失舊物。

我在網上找到的譯文，則是：

從前有過國的君主澆殺了斟灌以征伐斟鄩，滅了夏后相，後緡正在懷孕，從水溝逃出，回到有仍國，生下少康，擔任有仍國牧正。忌恨澆，能戒備，澆派椒求取他，他就逃奔到有虞國，擔任庖正，才逃過禍害。虞思因此把兩個女兒嫁給他，封他在諸綸。因此他擁有方圓十里的田土，擁有一旅的徒眾，他能施布恩德，於是實施謀劃，以收集夏國徒眾，安撫官員。派女艾到澆那裡做間諜，派季杼去引誘豷，於是滅掉有過國、戈國，復興了禹的事業，祭祀夏國配享上天，不失過去的萬物。

這是舜的後代的虞國的最後歷史記錄。後來又有另一個虞國，又有舜的其他後代被載入歷史，雖然也號稱是舜的後代所建立，但已非這個虞國了。

最後說說，根據《逸周書 • 謚法》：「**道德純備曰『思』。大省兆民曰『思』。外內思索曰『思』。追悔前過曰『思』。**」

我實在不敢說，究竟虞思的「思」字是，究竟是名字，抑或是謚號。我之所以有這懷疑，皆因當時的人名慣例都是單字，「虞思」和「虞舜」兩名字的格式類似，由於「舜」被認為是謚號，因此我也有理由懷疑，「思」也是謚號。

12. 周朝時的虞國

周朝時也有虞國，但這虞國並非舜、虞思的虞國，而是周朝王室姬姓的遠房親戚。

前引的《史記 • 周本紀》說：

古公有長子曰「太伯」，次曰「虞仲」。太姜生少子季

歷，季歷娶太任，皆賢婦人，生昌，有聖瑞。古公曰：「我世當有興者，其在昌乎？」長子太伯、虞仲知古公欲立季歷以傳昌，乃二人亡如荊蠻，文身斷髮，以讓季歷。

根據這敘述，太伯、虞仲是周武王的大伯祖、二伯祖。《史記 • 吳太伯世家》則說：「**太伯之奔荊蠻，自號『句吳』。荊蠻義之，從而歸之千餘家，立為吳太伯。太伯卒，無子，弟仲雍立，是為吳仲雍。仲雍卒，子季簡立。季簡卒，子叔達立。叔達卒，子周章立。**」

前文講過，這位仲雍又叫「虞仲」。他的哥哥叫「吳太伯」，「虞」就是「吳」，因此，「虞仲」就是「吳太伯的弟弟」了。這氏族之所以吳/ 虞為氏，理由很簡單：他們是姬姓，到了吳地，就以地名為氏。

他們到達後，「荊蠻義之，從而歸之千餘家」，這當然不是「義」得回來，而是用武力打回來的江山。毫無疑問，這時候，作為舜的後代的「虞」已不在了。

周武王打倒商朝，建立周朝。他想冊封太伯、仲雍的後人，找到了「周章」。然而，周章這時已是吳的君主，因而把他封在當地。事實上，這支氏族早已紮根當地，是「吳」的君主，這冊封只不過是一個銜頭而已，沒有實質的給予。我們可不知道，究竟這氏族在冊封之前，究竟自稱作甚麼。

差堪玩味的是「周章」這名字。「周」這字無疑來自「周」，畢竟，周氏族在滅商之前，雖然是商朝的附庸，但已是坐二望一的超級大國，《論語 • 泰伯》說：「**武王……三分天下有其二，以服事殷。**」換言之，「章」把「周」這塊招牌亮出來，可大大的增強其軟力量。

《史記 • 吳太伯世家》說：「**是時周武王克殷，求太伯、仲雍之後，得周章。周章已君吳，因而封之。乃封周章弟虞仲於周之北故夏虛，是為虞仲，列為諸侯。**」

由於周章已是君主，因此周武王把其弟弟「虞仲」封於「夏虛」。所謂的「虞仲」，也即是「吳國的老二」，他的曾祖父也叫「虞仲」：二人並非同名，只是同是「吳國的老二」吧了。

這個虞國的位置大體在山西省南部，平陸縣、夏縣一帶。夏縣屬於運城市，曾經一直被認為是夏朝首都的所在地。《括地志》說：「**安邑故城在絳州夏縣東北十五里，本夏之都。**」因此，《吳太伯世家》才會說周武王把虞仲封到「故夏虛」。

今日普遍相信，1959年在河南省洛陽市偃師區翟鎮發現的「二里頭遺址」才是夏朝首都的所在。不過這脫離了本書的範圍，不提。

這個虞國，在立國大約四百年後，即西元前655年，被晉國滅亡了。這就是人所共曉的「假途滅虢」的故事，也是「脣亡齒寒」成語的來源。

這故事分別記載在《左傳 • 僖公二年》和《左傳 • 僖公五年》：西元前 652年，晉國用駿馬和寶玉為餌，遊說虞國借路，好讓它攻打旁邊的虢國。虞國大夫宮之奇勸諫虞公不要答允，但虞公不聽。兩國聯軍，取下了虢國的下陽。

三年後，晉國再向虞國商討借路攻打虢國，宮之奇再度勸阻：「**虢，虞之表也，虢亡，虞必從之，晉不可啟，寇不可翫。一之謂甚，其可再乎。諺所謂：『輔車相依，脣亡齒寒』者，其虞虢之謂也。**」

「輔」字意即「車兩旁的夾木」，和「脣、齒」相對應，同為比喻虞國與虢國的關係。虞公上次嘗到了甜頭，這次更不肯聽宮之奇的勸諫了。結果，晉國在滅亡了虢國之後，回師之時，滅了虞國，活捉了虞公：「**師還館于虞，遂襲虞，滅之，執虞公。**」

至於宮之奇，則帶了其族人出走，皆因他判斷，虞國將在今年之內滅亡。《左傳 • 僖公五年》說：「**宮之奇以其族行。曰：『虞不臘矣，在此行也，晉不更舉矣』**」

「臘月」是十二月，「舉」就是「舉兵」：虞國過不了今年底，晉國在這次之後，不用再舉兵了，暗喻虞國必將滅亡。

13. 陳國

《史記 • 陳杞世家》說：「**陳胡公滿者，虞帝舜之後也。昔舜為庶人時，堯妻之二女，居于媯汭，其後因為氏姓，姓『媯氏』。舜已崩，傳禹天下，而舜子商均為封國。夏后之時，或失或續。至于周武王克殷紂，乃復求舜後，得媯滿，封之於陳，以奉帝舜祀，是為『胡公』。**」

以上說的是，當周武王奪得天下，把舜的後人「媯滿」封到「陳」這地方。

漢朝毛亨、毛萇叔侄寫的《毛詩詁訓傳》說：「**陳者，**

大皞虙戲氏之墟，帝舜之冑。有虞閼父者，為周武王陶正，武王賴其利器用，與其神明之後，封其子嬀滿於陳，都於宛丘之側，是曰『陳胡公』。按：今河南陳州府治是其地。」

《左傳 • 襄公二十五年》說：「**昔虞閼父為周陶正，以服事我先王。我先王賴其利器用也，與其神明，之後也，庸以元女大姬，配胡公而封之陳，以備三恪，則我周之自出，至于今是賴。**」

這裏說的是，舜的後人「閼父」是周氏族的「陶正」，也即是專門製作陶器的工匠。還記得嗎？舜是陶器專家。這工作顯然十分重要，因為陶器是祭祀祖先及神明的工具。

值得注意的是，《史記 • 陳杞世家》說商均的後人在「夏后之時，或失或續」。由於沒有連續不斷的世系，而且年代久遠，閼父作為商均後人的真實性，不無可疑。《新唐書 • 宰相世系表下》雖然說出了閼父的世系，但由於中國人好認顯貴祖宗，以光大門第聲名，而這世系表記載的是唐朝的高級官員的世系，不無作假的動機。

細閱《史記 • 陳杞世家》的記載，文中雖然提到堯的兩女娥皇、女英，也提到商均，只是指舜初娶二女時曾經在嬀汭居住，但卻並沒有直指嬀滿是二女或商均的後人。正如前言，舜的妃子當中，有名字記載的除了娥皇、女英，還有登北氏。

估計應該是閼父因此與周氏族建立了關係和互信，周武王在取得江山後，把閼父的兒子嬀滿冊封了在「陳」這地方。陳，出土金文資料作「陳」，其實在當時，每一個國家都有獨一無二的圖法，像燕國，出土文字寫作「匽」。後來秦朝時簡化文字，把偏僻字或簡化、或與其他相近的字合併，正如新中國成立後，也作出了類似的文字改革。

魏晉時期的杜預在《春秋左氏經傳集解》注：「**胡公，閼父之子滿也。**」。這位陳國的開國君主，也即是閼父的兒子，被後世稱作「胡公滿」，又叫「陳胡公」。「胡」是謚號，《逸周書 •謚法》說：「**保民耆艾曰『胡』。彌年壽考曰『胡』。**」

《左傳 •昭公十七年》說：「**陳，大皞之虛也。**」這是在今日河南省周口市淮陽區，距離商丘125公里。

《左傳 •隱公八年》說出周朝「胙土命氏」的大原則：「**天子建德，因生以賜姓，胙之土而命之氏。諸侯以字為謚，因以為族，官有世功，則有官族，邑亦如之。**」

換言之，你的生地決定你的姓，封地則決定你的氏，因嬀滿被封在「陳」，因而成為了「陳氏」。「胙」是「祭祀的肉」的意思，引申為「建立社稷」，即是「建立國家」，元朝的黃公紹在《古今韻會》說：「**建置社稷曰：『胙』。**」

嬀滿被封在陳，因而有了「陳」姓，因他的謚號是「胡」，因而有了「胡」姓。逃到了齊國的「公子元」改姓「田」，再加上舜原來的「姚」姓，這嬀、陳、田、姚、胡合稱為「嬀汭五姓」。

《世本 •諸侯》說：「陳遂，舜後。」《史記索隱》引東漢大儒宋衷曰：「**虞思之後，箕伯直柄中衰，殷湯封遂於陳，以為舜後。**」

這即是說：在虞思之後，箕伯「中衰」，應是亡了國，所以其名字沒有了「虞」字。商朝的湯立國後，按例冊封往日君主之後，便把其後人「遂」封了在「陳」這地方。

《左傳 •昭公三年》引述了齊國大夫晏嬰講出了陳國有名的先人：「**箕伯、直柄、虞遂、伯戲，其相胡公、大姬，已在矣。**」

這裏的「大姬」也即是周武王的長女，「胡公」就是她的丈夫，陳國的開國君主。「箕伯、直柄、虞遂、伯戲」四人放在胡公夫婦之前，顯然是其先祖。四人當中，只有「虞遂」一人冠以「虞」字，證出他是一國之君，其餘三人不是。這又證出了前文的「夏后之時，或失或續」有著一定的根據。

《漢書 •匡衡傳》說：「**陳夫人好巫，而民淫祀。**」這位「陳夫人」，就是「大姬」。東漢學張晏注：「**胡公夫人武王之女大姬無子，好祭鬼神，鼓舞而祀。**」

《漢書 •地理志下》說：「**陳本太昊之虛，周武王封舜後嬀滿於陳，是為『胡公』，妻以元女大姬。婦人尊貴，好祭祀，用史巫，故其俗巫鬼。**」

《詩經 •陳風 •宛丘》的主題就是作者對巫女舞者的愛慕但卻求不得的心情：「**子之湯兮，宛丘之上兮，洵有情兮，而無望兮。坎其擊鼓，宛丘之下，無冬無夏，值其鷺羽。坎其擊缶，宛丘之道，無夏無冬，值其鷺翿。**」

我在網上找到的語譯是：「你舞姿迴旋蕩漾，舞動在宛丘之上。我傾心戀慕你啊，卻不敢存有奢望。敲得鼓兒咚咚響，舞動宛丘平地上。無論寒冬與炎夏，潔白鷺羽手中揚。

敲得瓦缶當當響，舞動宛丘大道上。無論寒冬與炎夏，鷺羽飾物戴頭上。」

最後，錄出《新唐書 • 宰相世系表下》的相關記載：

陳氏出自媯姓，虞帝舜之後。夏禹封舜子商均於虞城，三十二世孫遏父為周陶正，武王妻以元女大姬，生滿，封之於陳，賜姓「媯」，以奉舜祀，是為「胡公」。九世孫厲公他生敬仲完，奔齊，以國為姓。既而食邑於田，又為田氏。十五世孫齊王建為秦所滅。

14. 三恪二王

胡公滿非但被封為陳公，由於周武王對他的重視，也把長女「大姬」嫁了給他，作為酬庸。《左傳 • 襄公二十五年》說：「**我先王賴其利器用也，與其神明，之後也，庸以元女大姬，配胡公而封之陳，以備三恪。**」

上文說的「三恪」，唐朝杜佑寫的《通典 • 三恪二王後》的說法是：

周武王克商，而封夏後於杞、殷後於宋，皆爵公，封舜後於陳，爵侯，以備「三恪」。周得天下，封夏、殷「二王後」，又封「舜後」，謂之「恪」。恪，敬也，義取王之所敬，并「二王後」為「三國」，其轉降示敬而已，故曰「三恪」。

按這說法，開國君主封前兩朝代後裔，是為「二王後」，再加上第三個前朝後代，則稱為「三恪」。這個「恪」字從「心」從「各」，即是「尊貴的客人」的意思。

封這「三恪二王」，目的當然是政治公關，以示新的君主的得位是來自合法傳承，新君還要祭祀這「三恪二王」的先人。《通典 • 三恪二王後》繼續說：「馬融以為二王後。王者立三恪二王之後者，欲通師法之義。其前代之後，使之郊天，以天子禮祭其始祖、受命之王，自行正朔服色，此得通三正也。」

這規矩原來出自舜得位後，稱堯的兒子丹朱為「虞賓」，不視之為臣子。到了禹，則繼續「虞賓」的地位，再加上舜的兒子「商均」，1+1=2，也不用臣禮，只用賓禮。

到了周朝，則再加一位，把夏朝和商朝的後人封為「公」爵，是為「二王」，再把舜的後代封為「侯」爵，合起來就是「三恪」了。這就是唐朝的杜佑在《通典》的說法：三恪=二王 +1。

不過，在後世，「三恪二王」通常指的是一共五人，即是一共冊封前五朝的君主的後代。

《禮記 • 樂記》說周武王對此封賞很重視，到了現場，未下車前冊封了三個，下車後又冊封了兩個：「**武王克殷反商。未及下車而封黃帝之後於薊，封帝堯之後於祝，封帝舜之後於陳。下車而封夏后氏之後於杞，投殷之後於宋。封王子比干之墓，釋箕子之囚，使之行商容而復其位。**」

由於祝國和薊國真有存在，因此，《禮記 • 樂記》的說法更為可信。再說，《禮記 • 樂記》比《通典》早了一千多年，按照古代史書「越早越可信」的大原則，前者的可信性也更高。不過，《維基百科》卻採用了《通典》的說法。

《禮記 • 樂記》這一段有一個低級錯誤，就是把薊國和祝國錯調了：祝國是「姬」姓，應是黃帝的後代，薊國是「祁」姓，應是堯的後代。《史記‧周本紀》則正確地指出：**「武王追思先聖王，乃褒封神農之後於焦，黃帝之後於祝，帝堯之後於薊，帝舜之後於陳，大禹之後於杞。」**

然而，根據這說法，又多出了一個神農氏，加起來說是6國，而不是2王+3恪=5了。

無論如何，到了後世，新朝成立，追封前朝君主之後，也成了慣例，不過也不一定是「二王三恪」，有多有少：漢朝就只追封了周朝的後裔，新朝王莽則大包圍，把以往所有君主的後代全都冊封了，《漢書‧王莽傳中》說：

帝王之道，相因而通；盛德之祚，百世享祀。予惟黃帝、帝少昊、帝顓頊、帝嚳、帝堯、帝舜、帝夏禹、皋陶、伊尹鹹有聖德，假於皇天，功烈巍巍，光施於遠。予甚嘉之，營求其後，將祚厥祀。惟王氏，虞帝之後也，出自帝嚳；劉氏，堯之後也，出自顓頊。於是封姚恂為初睦侯，奉黃帝后；梁護為修遠伯，奉少昊後；皇孫功隆公千，奉帝嚳後；劉歆為祁烈伯，奉顓頊後；國師劉歆子疊為伊休侯，奉堯後；媯昌為始睦侯，奉虞帝后；山遵為褒謀子，奉皋陶後；伊玄為褒衡子，奉伊尹後。漢後定安公劉嬰，位為賓。周後衛公姬党，更封為章平公，亦為賓。殷後宋公孔弘，運轉次移，更封為章昭侯，位為恪。夏後遼西姒豐，封為章功侯，亦為恪。四代古宗，宗祀於明堂，以配皇始祖考虞帝。周公後褒魯子姬就，宣尼公後褒成子孔鈞，已前定焉。

武則天稱帝的當年，以周朝、漢朝後裔為「二王後」，封舜、禹、湯後裔為「三恪」。十年後，她發現不妥，皆因「二王後」應是前兩代，隋朝、唐朝後裔為二王後，不過這也可能是她即位之初，不敢馬上把唐朝打成「二王後」，太離譜了。

她死後，唐中宗繼位，馬上以北周、隋朝後裔為「二王後」，「三恪」則不變。

到了元、明、清三代，則只把前朝後裔封爵，不搞「三恪二王」了。1368年，明太祖封元順帝孫買的里八剌為「崇禮侯」，和他爭過江山位子的陳友諒的次子陳理封為「歸德侯」，明玉珍建立的大夏皇朝的末代皇帝明昇為「歸義侯」。陳理和明昇後來均被流放到了朝鮮。

15. 虞朝

舜統治的年代，又被稱為「虞朝」，至於堯的統治年代，則稱為「唐」，或「陶唐」，很少會叫「唐朝」，也不知是不是不想和後世的唐朝混淆了。問題在於，如果舜只是上承堯，下繼以禹，這三人的統治應合為一朝，又怎可以一人單稱一朝呢？

人們有時會把堯、舜的統治年代合稱為「唐虞」，如現時在荊門市博物館收藏的有一篇戰國時期的竹簡，名為《唐虞之道》。因為禹的統治期往往被納入了夏朝，因此不算在內。

《禮記 • 表記》說：「**虞、夏之質，殷、周之文。**」《禮記 • 檀弓上》又說：「**有虞氏瓦棺，夏后氏塈周，殷人棺槨，**

周人墻置翣。」《國語 •鄭語》記載了西周末年周宣王、周幽王的史官「史伯」的一段話：「**夫成天地之大功者，其子孫未嘗不章，虞、夏、商、周是也。**」

這兩文把「虞、夏、商、周」並列，卻並沒列入「唐堯」。正如我在前文講過，堯時的政治體系只是鬆散的政治聯盟，到了舜，方才建立權力更大的中央政府，這好比美國的聯邦政府相對州政府，其權力在立國之後也是越來越大。

《尚書》有四部份，分別是《虞書》、《夏書》、《商書》、《周書》，卻沒有《唐書》。《虞書》一共有五篇文章，分別是《堯典》、《舜典》《大禹謨》、《皋陶謨》、《益稷》。這其中，《皋陶謨》和《益稷》的主角都是禹，皋陶、益、稷都是禹的臣子。從這角度看，堯、舜、禹三個年代都屬於虞朝。

《韓非子 •顯學》説：「**殷、周七百餘歲，虞、夏二千餘歲，而不能定儒、墨之真，今乃欲審堯、舜之道於三千歲之前，意者其不可必乎！**」

由於已知夏朝的國祚是四百多年，因此有人推論出虞朝應超過一千五百年。不過，商朝國祚是六百多年，總之差不多是六、七百年這數字，周朝則八百多年，兩者馬馬虎虎算起來，是差不多的壽命。所以，上文的文理應是「商朝和周朝各有七百餘年，虞朝加上夏朝一共超過二千年」，兩句並非完全對等的排比。

《禮記 •明堂位》遍數了虞、夏、商、周四代的名物、典章、制度，也是把四代視為對等：

「有虞氏之旂，夏后氏之綏，殷之大白，周之大赤。」

「泰，有虞氏之尊也。山罍，夏后氏之尊也。著，殷尊也。犧象，周尊也。」

「米廩，有虞氏之庠也；序，夏后氏之序也；瞽宗，殷學也；頖宮，周學也。」

「有虞氏之兩敦，夏后氏之四連，殷之六瑚，周之八簋。俎，有虞氏以梡，夏后氏以嶡，殷以椇，周以房俎。」

「有虞氏服韍，夏后氏山，殷火，周龍章。」

「有虞氏祭首，夏后氏祭心，殷祭肝，周祭肺。」

「有虞氏官五十，夏后氏官百，殷二百，周三百。有虞氏之綏，夏后氏之綢練，殷之崇牙，周之璧翣。」

這其中還有九則，是從夏后氏開始，但沒提到有虞氏，可能是作者找不到相關資料。這其中還有一次提到「伊耆氏」，但只提它一個，沒有同其他並列：「土鼓蕢桴葦籥，伊耆氏之樂也。拊搏玉磬揩擊，大琴大瑟，中琴小瑟，四代之樂器也。」

「伊耆氏」一指「炎帝」，一指「堯」，一指是周朝的大祭司，這裏相信指的是堯。

《禮記 • 王制》說出了四大朝代供養退休官員的制度：**「凡養老：有虞氏以燕禮，夏后氏以饗禮，殷人以食禮，周人修而兼用之。」**又說：**「有虞氏養國老於上庠，養庶老於下庠。夏后氏養國老於東序，養庶老於西序。殷人養國老於右學，養庶老于左學。周人養國老於東膠，養庶老于虞庠。」**

《禮記 • 內則》也有類似的說法：**「凡養老：有虞氏以**

燕禮，夏后氏以饗禮，殷人以食禮，周人修而兼用之。」

《左傳 •襄公二十四年》引述了范宣子的話：「**昔匄之祖，自虞以上為陶唐氏，在夏為御龍氏，在商為豖韋氏，在周為唐杜氏。**」

「匄」即「丐」這裏說是在這四朝倒大霉的氏族。已知商人滅了豖韋氏，御龍氏和唐杜氏都是陶唐氏的後代。

《慎子》引孔子說：「**有虞氏不賞不罰，夏后氏賞而不罰，殷人罰而不賞，周人賞且罰。**」

這些後世的文獻記錄順次以虞、夏、商、周順次排名，可知虞朝是黃河文明的第一朝，虞夏/ 華夏也是中國朝代史的開端，而虔朝應是堯、舜、禹三個時代的合稱。

16. 唐叔虞

最後一說，周成王的第三子叫「叔虞」，是周成王的同母兄弟。《史記 •晉世家》記述了周成王因一句戲言而終於把叔虞封在「唐」這地方的故事：

成王與叔虞戲，削桐葉為珪以與叔虞，曰：「以此封若。」史佚因請擇日立叔虞。成王曰：「吾與之戲耳。」史佚曰：「天子無戲言。言則史書之，禮成之，樂歌之。」於是遂封叔虞於唐。唐在河、汾之東，方百里，故曰「唐叔虞」。

這故事在後世被稱為「桐葉封弟」。不過，近代的考古學證出，這個「虞」字寫作「夨」，「叔虞」就是「叔夨」，和舜的「虞」無關。

我們唸古史的名字時，往往有一個不能解決的問題，就是古文字的寫法和現代語文是完全不同，有時候，很多古字根本沒有對應的今字，廹得找出一個最相近的，強硬地轉換，這也是沒法子中的法子。這情況非但存在於今日，也存在於古時。像前面提過的「虍」加「大」字，以及「夨」字，均是因此而寫成「虞」字。

舜、俊、夋、商、夔、契、嚳

1. 主題

本部分的主題是討論舜、俊、夋、商、夔、契、嚳是同一人/ 事，甚至倉頡，都可能就是契。這在史學界，至少部分已成為共識。但，一來，一般大眾還未清楚。二來，就我見過的所有敘述，都有點亂。因此，在本書，我企圖把脈絡有條理的一一寫出來。

不消說，也會說說有關以上人/ 事的大概。

2. 舜 =俊

有關「俊」，主要的記載是在《山海經》。以下把其記載記錄下來。

《大荒南經》說：「**大荒之中，有不庭之山，榮水窮焉。有人三身，帝俊妻娥皇，生此三身之國，『姚』姓，黍食，使四鳥。有淵四方，四隅皆送，北屬黑水，南屬大荒。北旁名曰『少和之淵』，南旁名曰『從淵』，舜之所浴也。**」

我們已知娥皇的老公是舜，如今忽然來了一個「帝俊」，而這個不知是帝俊，抑或是娥皇，還是兩人皆「生此」（在此出生）的三身之國，偏生又姓「姚」，然後舜又會在這三身之國的南旁「浴」，因此有理由相信，帝俊 =舜。

同書又說：「東南海之外，甘水之間，有『羲和之國』，有女子名曰『羲和』，方日浴於甘淵。羲和者，帝俊之妻，生十日。」

《大荒東經》說：「**大荒之中有山名曰『合虛』，日月所出。有中容之國，帝俊生中容，中容人食獸、木實，使四鳥，豹、虎、熊、羆。**」《呂氏春秋 •本味》說：「**中容之國有赤木、玄木之葉焉。**」東晉郭璞對此的注釋是：「『俊』亦『舜』字，假借音也。

「豹、虎、熊、羆」明顯不是「鳥」，而是「獸」。人們認為，無論是「鳥」和「獸」，指的都是圖騰。「四鳥」加上「豹、虎、熊、羆」，很可能是把本族分成八個部，以作管理，這可能有點像後來清朝的八旗制度。

同書繼續說：「**有司幽之國。帝俊生晏龍，晏龍生司幽。司幽生思士，不妻；思女，不夫。食黍、食獸，是使四鳥。有五采之鳥，相鄉棄沙。惟帝俊下友。帝下兩壇，采鳥是司。有白民之國。帝俊生帝鴻，帝鴻生白民，白民銷姓，黍食，使四鳥，豹、虎、熊、羆。**」

同書又說：「**有黑齒之國。帝俊生黑齒，姜姓，黍食，使四鳥。**」

《大荒西經》說：「**有女子方浴月。帝俊妻常羲，生月十有二，此始浴之。**」

《海內經》說：

黃帝生駱明，駱明生白馬，白馬是為鯀。帝俊生禺號，

禺號生淫梁，淫梁生番禺，是始為舟。番禺生奚仲，奚仲生吉光，吉光是始以木為車，少皞生般，般是始為弓矢。帝俊賜羿彤弓素矰，以扶下國，羿是始去恤下地之百艱。帝俊生晏龍，晏龍是為琴瑟。帝俊有子八人，是始為歌舞。帝俊生三身，三身生義均，義均是始為朽倕，是始作下民百朽。后稷是播百穀。稷之孫曰「叔均」，是始作牛耕。大比赤陰是始為國。禹、鯀是始布土，均定九州。帝乃命禹卒布土，以定九州。

前文已得結論「義均即商均」，而商均正是舜的兒子。上文又說：「帝俊生三身，三身生義均」，從而推論出，俊=舜。

《山海經 • 海內經》又有一句：「**帝俊有子八人，是始為歌舞。**」大家可記得，舜很重歌舞的政治教化作用。唐高祖李淵下令編修的類書《藝文類聚》在上句的注是：「**帝俊，帝舜也。**」由此可見得，早在唐朝，人們已有「俊 =舜」的共識。

從以上《山海經》的記載，可知俊/ 舜有很多後代，散布不同的地方。在一個多子多孫的人而言，這也是正常的結果。

3. 食黍、黍食

上文不時提到「食黍」，或「黍食」，這個詞，實在很有意思，以下的是我本人的試作解答。

在古文，「黍」指的是 broomcorn millet，是一種一年生草本植物，即是現時俗稱的「小米」。小米是中國人最早栽種的五穀，發源地在今日的內蒙古，估計在一萬年前已經開始種植。

也許是因為黍的歷史最為長久，在中國古代，習慣把農作物統稱為「黍」，例如說，《詩經 • 碩鼠》：「碩鼠碩鼠，毋食我黍。」

如果有記載指明了一個氏族是「食黍」的，反過來想，必然也有不食黍的氏族，而且說不準還是多數，它才有需要特別標明「食黍」。

當時很多氏族都是遊牧民族，並不懂得耕種，畢竟，耕種需要更多的知識和更高的技術，在當時，是高科技的產品，是不容易獲得的技術。值得注意的是，現在我們吃的農產品，是經過人類幾千年來的配種改良，才得到的成就，在古代，種子的基因還未成熟，因此農產品的產出是遠遠不如今天。也正因如此，古人很多仍然是處於遊牧經濟，直至農業科學進展到產出遠遠的高出了牧業，古人才加速的產業升級。

我的看法是，「食黍」代表這個氏族懂得耕種，其經濟水平以及文化水平，是遠遠高於其他的氏族，因此值得特別去指出來。

4. 夋

《山海經》的「俊」有時寫作「夋」。《百度百科》說：「帝俊，又作“帝夋”，華夏神話中的上古天帝，中國古代神話傳說中的上古天帝，這一古帝名號只見於《山海經》（在《大荒》《海內》兩經中多次提到）。1942年 9月在長沙東郊子彈庫出土的楚帛書所寫的帝夋幾乎可以等於帝俊。」

《楚帛書》的「俊」寫作「夋」：「**帝夋（俊）乃為日月之行。**」

漢高祖的孫子淮南王劉安親自編輯的《淮南子 • 精神訓》說：「**日中有踆烏，而月中有蟾蜍。**」東漢時高誘的注是：「**踆，猶蹲也，謂三足烏。**」「**踆，同『夋』。**」

「三足烏」是古代流行的傳說，《河圖緯 • 括地圖》說：「**崑崙在若水中，非乘龍不能至。有三足神烏，為西王母取食。**」《春秋緯 • 元命苞》也說：「**日中有三足烏。**」

《維基百科》把它說成是「三足烏」，即「烏鴉」：「三足烏亦稱赤烏，中國神話中其形象是一隻黑烏鴉蹲居在金光閃爍的紅日中央因而常稱為金烏，主要是侍奉西王母。」

很多壁畫和青銅器都是三足烏為形象。查實它之所以是三足，原因說穿了，會笑到噴飯：銅雕兩足站不穩，必須三足。

「俊 =夋」的重要性，皆因甲骨文不時提到，商朝有一先祖，叫作「高祖夋」。至於三足烏/ 烏，參考下文講商朝人崇拜的「玄鳥」，即「深黑色的鳥」，想來應是「烏鴉」吧。

5. 舜 =商

先前我們講過，甲骨文的「舜」字和「商」字極度相似，也把兩字的圖法排比了出來。

此外，舜的後人叫「商」均《括地志》說：「**虞國，舜**

後所封邑也。或云：封舜子均於商，故號『商均』也。」

所以，今人大都認同，商族人是舜的後代，或者說，舜是商族人的祖先。或者說，商族人自認是，或自以為是舜的後代。請注意邏輯：「自認為」是舜的後代，並不代表舜一定是個真實存在過的人/ 世系，正如洪秀全自認是天父之子，但這並不代表天父真的在宇宙存在，就算宇宙或宇宙之上真的存在天父，也不代表洪秀全就是天父的兒子。

舜假使真有存在，也有多系分支，商人縱為其後人，按照統計學，是其嫡系後人的機會率極低。正如我也可以「自認為」是周文王的後人，但是周文王最少有十個兒子，後代更是數也數不清，再者，「周」姓也有很多來源，不一定是周朝的後人，例如元朝末年，福建泉州一支「蘇」姓人士移到台灣新竹縣，明朝吉王的子孫在亡國後，也有一些少數民族，都改為姓「周」。

6. 夔作為樂正

夔本來是平民，後來被重黎推薦入政府。《呂氏春秋 • 慎行論》説：「**乃令重黎舉夔於草莽之中而進之。**」「草莽」也即是「民間」

重黎是顓頊、嚳、堯三朝的重臣。《國語 • 楚語下》：「**顓頊受之，乃命南正重司天以屬神，命火正黎司地以屬民……堯複育重黎之後，不忘舊者，使複典之，以至於夏商。**」《史記 • 楚世家》説：「**高陽生稱，稱生卷章，卷章生重黎。重黎為帝嚳高辛居火正，甚有功，能光融天下。**」

我有另文寫重黎，這裏不贅。

《呂氏春秋 • 察傳》記載了：

魯哀公問於孔子：「樂正夔一足，信乎？」

孔子曰：「昔者，舜以夔為樂正，始治六律，和均五聲，以通八風，而天下服。重黎又薦能為音者，舜曰：『夫樂、天地之精，得失之節，故唯聖人為能和樂之本。夔能和之，平天下，若夔、一足矣。』

故曰：『夔一足，非一足行。』

上文指出，夔是舜的下屬，當時的專業分工，是音樂。《荀子 • 解蔽》也有講到「夔」是音樂的先驅：「故好書者眾矣，而倉頡獨傳者，壹也；好稼者眾矣，而后稷獨傳者，壹也。好樂者眾矣，而夔獨傳者，壹也；好義者眾矣，而舜獨傳者，壹也。」

《尚書 • 益稷》也記載了夔作為音樂領班的故事：

夔曰：「**戛擊鳴球、搏拊、琴、瑟、以詠。」祖考來格，虞賓在位，群後德讓。下管鞀鼓，合止柷敔，笙鏞以間。鳥獸蹌蹌；《簫韶》九成，鳳皇來儀。夔曰：「於！予擊石拊石，百獸率舞，庶尹允諧。」**

7. 夔的倒霉期

《左傳 • 昭公二十八年》說：

「昔有仍氏生女，黰黑而甚美，光可以鑒，名曰「玄妻」。樂正后夔取之，生伯封，實有豕心，貪婪無饜，忿類無期，謂之「封豕」。有窮后羿滅之，夔是以不祀。」

背景資料：夔在夏朝任職音樂大臣。后羿是有窮氏的首領，殺掉夏朝的君主太康，改立了其弟弟仲康，作為傀儡。

仲康死後，由其兒子「相」繼位。后羿被其手下寒浞殺掉了，寒浞死後，其兒子「澆」殺掉了相。

相的妻子「緡」的娘家是有仍氏，生下了少康。少康長大後，滅掉寒浞，重新振興了夏朝，史稱為「少康中興」。

總之，夔在后羿、寒浞的年代，經過了一段倒霉時期，甚至被指責其兒子是「野豬」，貪得無厭兼脾氣暴躁，因而毀掉了其宗廟，「是以不祀」，即沒有了祭祀的地方。

8. 夔一足

前引《呂氏春秋 • 察傳》說的：「夔一足」，這是很流行的說法。

例如說，《說文解字》說：「**夔，神魅也，如龍，一足，，從夊；象有角、手、人面之形。**」

《莊子 • 秋水》說：「**夔謂蚿曰：『吾以一足趻踔而行，予無如矣，今子之使万足，獨奈何？』**」「蚿」也即是「馬陸」，形狀是一條蚯蚓加上很多小腳。

為甚麼在當時這麼多人會提到「夔」？原因是，從商朝晚期至周朝的青銅器，夔紋是主要紋飾之一，甚至凡是一隻腳的爬蟲，都被叫作「夔」。

其實，只要看甲骨文，就可知其原因，皆因其形狀像是一個單腳的人。

如用文字來形容這圖法，就是「夔一足」了。

至於孔子對「夔一足」的回答是：像夔這樣的人，一個就足夠了。純粹是想當然耳的胡說八道。

9. 高祖夔

夔這個人的重要性，非因為他是樂正，而是甲骨文有「高祖夔」，他是商朝祖先之中輩份最高的。這才可以解釋到為何他的圖法常常被刻在貴重的青銅器，作為紋飾，以及有大量的甲骨文辭，刻上了「高祖夔」這三個字。

前引的《左傳 • 昭公二十八年》，把他稱為「后夔」，從而推測，他本人，或其後人，當上了君主，因而稱為「后」，與「后羿」、「夏后氏」同級。

近代文字學大師王國維在《殷卜辭中所見先公先王考》和《續考》中，反復印證了「夋」即「夒」字，這也即是說，「高祖夔」和「高祖夋」指的是同一人。

「夋」這個字在甲骨文是這樣的，像一個猴頭，也像一個鳥頭。已知「商」和「玄鳥」的關係。

按此，這應是鳥，但《說文解字》釋「夒」說：「**貪獸也，一曰『母猴』。**」

雖然也不排除：古人是按圖猜獸，猜錯了。

現時的學者普遍認為，這是一人名稱的兩種寫法，但還有一個爭辯：究竟「夋」是「夒」的訛變，還是「夒」是「夋」的訛變？

10. **夔牛**

有一種牛，叫作「夔牛」。

《山海經 • 大荒東經》說：「**東海中有流波山，入海七千里。其上有獸，狀如牛，蒼身而無角，一足，出入水則必風雨，其光如日月，其聲如雷，其名曰『夔』。黃帝得之，以其皮為鼓，橛以雷獸之骨，聞五百里，以威天下。**」

相信是因為此牛是「一足」，因此才叫作「夔」。不用多說，只有一隻腳的牛在世上並不存在。

《山海經 • 中次九經》又說岷山有「夔牛」：「**又東北三百里，曰『岷山』，江水出焉，東北流注於海，其中多良龜，多鼉。其上多金玉，其下多白珀，其木多梅棠，其獸多犀象，多夔牛，其鳥多翰鷩。**」

岷山地處四川省北部和甘肅省南部邊境，主峰叫「雪寶頂」海拔 5,588米。

東晉郭璞注解道：「**今蜀山中有大牛，重數千斤，名為『夔牛』。晉太興元年，此牛出上庸郡，人弩射殺之，得三十八擔肉。**」他筆下的「夔牛」，應非只有一足。

明末清初馬驌撰寫的《繹史 • 黃帝紀》説：「**黃帝伐蚩尤，玄女為帝製夔牛鼓八十面，一震五百里，連震三十八百里，如牛蒼身而無角，足出入水則必風雨，其光如日月。**」

11. 契

《禮記 • 祭法》説；「**殷人禘嚳而郊冥，祖契而宗湯。**」這即是説，「契」是「祖」，而成立商朝的「湯」則是輩份較低的「宗」。《史記 • 殷本紀》也記載，「契」是商朝的先祖：

殷契，母曰「簡狄」，有娀氏之女，為帝嚳次妃。三人行浴，見玄鳥墮其卵，簡狄取吞之，因孕生契。契長而佐禹治水有功。帝舜乃命契曰：「百姓不親，五品不訓，汝為司徒而敬敷五教，五教在寬。」封于商，賜姓『子氏』。契興於唐、虞、大禹之際，功業著於百姓，百姓以平。

契卒，子昭明立。昭明卒，子相土立。相土卒，子昌若立。昌若卒，子曹圉立。曹圉卒，子冥立。冥卒，子振立。振卒，子微立。微卒，子報丁立。報丁卒，子報乙立。報乙卒，子報丙立。報丙卒，子主壬立。主壬卒，子主癸立。主癸卒，子天乙立，是為「成湯」。

前文説過，舜把契「封於商」，而我們明明知道，舜的兒子均的封地是在商，因此才叫「商均」。清朝的顧祖禹在《讀史方輿紀要》說：「**契始封商，今陝西商州，相土遷商丘，今河南歸德府附郭縣。**」

換言之，這裏又說契始封於商，這證明了，契和舜，或商均，必然大有關係。

「商州」位於今日的陝西省商洛市，現仍有一區叫「商州」，是市政府的所在地。前引《史記 • 殷本紀》說：「**契卒，子昭明立。昭明卒，子相土立。**」可知「相土」是契的孫兒」，他把駐地搬往商丘。

至於「附郭縣」的意思，清朝的歸德府領一州八縣，「郭」是「城廓」，意即府和縣的政府都在同一地方辦公。

12. 契 =夔

前引《史記 • 殷本紀》也指出，「契」是商朝人的先祖：

甲骨文記載商朝的祖先，並沒有「商契」，輩份最高的是「高祖夔」。現時普遍認為，「夔」就是「契」，也即是「商契」。

《國語 • 鄭語》說：「**虞幕能聽協風，以成樂物生者也。夏禹能單平水土，以品處庶類者也。商契能和合五教，以保于百姓者也。周棄能播殖百穀蔬，以衣食民人者也。**」

「和合」應是「音樂」，可是要「五教」，卻非得加上歌詞不可：

沒有歌詞，怎去「教」？夔是樂正，把曲譜上詞，豈不正是結合了「樂正」和「書契」兩者嗎？

13. 反例：夔不是契

前面講出了商朝的「夔」就是「契」。但在下文，則列出了兩條反例，去反駁兩者是同一人的說法。

第一是前文引用過的《荀子 • 解蔽》：「**故好書者眾矣，而倉頡獨傳者，壹也；好稼者眾矣，而后稷獨傳者，壹也。好樂者眾矣，而夔獨傳者，壹也；好義者眾矣，而舜獨傳者，壹也。**」

第二是《史記 • 五帝本紀》：

舜曰：「契，百姓不親，五品不馴，汝為司徒，而敬敷五教，在寬。」

舜曰：「皋陶，蠻夷猾夏，寇賊姦軌，汝作士，五刑有服，五服三就；五流有度，五度三居：維明能信。」

舜曰：「誰能馴予工？」皆曰：「垂可」。於是以垂為共工。

舜曰：「誰能馴予上下草木鳥獸？」皆曰益可。於是以益為朕虞。益拜稽首，讓于諸臣朱虎、熊羆。

舜曰：「往矣，汝諧。」遂以朱虎、熊羆為佐。

舜曰：「嗟！四嶽，有能典朕三禮？」皆曰：「伯夷可。」舜曰：「嗟！伯夷，以汝為秩宗，夙夜維敬，直哉維靜絜。」伯夷讓夔、龍。

舜曰：「然。以夔為典樂，教稚子，直而溫，寬而栗，剛而毋虐，簡而毋傲；詩言意，歌長言，聲依永，律和聲，八音能諧，毋相奪倫，神人以和。」夔曰：「於！予擊石拊石，百獸率舞。」

這兩條記載均把「夔」和「契」視為兩人：一個當「司徒」，管教化人民，即相當於「民政部長」。另一個則掌管音樂。然而，看其搞音樂的主旨，也是希望利用「八音」來教化人民，「神人以和」。這即是說，「夔」和「契」的工作性質大致相同，不排除後人把一人當作是兩人。

14. 玄鳥生商

《史記 • 殷本紀》說：「**三人行浴，見玄鳥墮其卵，簡狄取吞之，因孕生契。**」《詩經 • 玄鳥》也說：「**天命玄鳥，降而生商，宅殷土芒芒。**」有意思的是，前引的《左傳 • 昭公二十八年》說：「**昔有仍氏生女，鬒黑而甚美，光可以鑒，名曰「玄妻」。樂正后夔取之，生伯封。**」

樂正后夔的妻子是「玄妻」，正好和「玄鳥」相吻合。這頭「玄鳥」正好串連了契和后夔，證明了他們是同一人。「玄」是「深黑色」，「玄妻」名字的由來，正是因她「鬒黑」。從古至今，人們普遍同意「玄鳥」指的是「燕子」。不過我卻認為，如果是「黑色的鳥」，應是「烏鴉」才對。至於商朝是鳥 /烏鴉崇拜民族，這已說過多遍了。

夔從來只是樂正，被稱為「后」，應是後世的追封。正如他生前也不會被稱為「高祖夔」。

後文會講到，帝嚳 =帝舜，也即是商人的祖先，《史記 • 五帝本紀》說：「**帝嚳高辛者，黃帝之曾孫也。高辛父曰『蟜極』，蟜極父曰『玄囂』，玄囂父曰『黃帝』。自玄囂與蟜極**

皆不得在位，至高辛即帝位。」

我認為，「玄囂」也即是「玄鳥」。

15. 契作為玄王

魏晉時的史學家譙周在《古史考》指出：「**契生堯代，舜始舉之，必非嚳子。以其父微，故不著名。**」他說的是由於嚳的年代比舜早得多，因此契不可能是帝嚳的兒子。

這說法的思路錯誤在於，第一，上古時代的人和事的時代混淆是常見，難以深究。第二，當時的人往往是子襲父名，又或者這只是職官名，根本不是人名。

因為「玄鳥」，契被尊稱為「玄王」。

《詩經 • 長發》說：「**玄王桓撥、受小國是達、受大國是達。率履不越、遂視既發。相土烈烈、海外有截。」毛亨的傳對此的解說是：「玄王，契也。」**

《國語 • 周語》也說：「**玄王勤商，十有四世而興。**」

西漢學者褚少孫在《補史記詩傳》說：「**湯之先為契，無父而生契，母與姊妹浴于元邱水，有燕銜卵墮之，契母得故含之，誤吞之，即生契。契生而賢，堯立為司徒，姓之曰『子氏』。子者，茲茲益大也，詩人美而頌之曰，殷社芒芒，天命玄鳥，降而生商，商質殷號也。**」

16. 倉頡造字

傳說中造字的人物是倉頡，《呂氏春秋 • 君守》記載了古代的六大發明：「**奚仲作車，倉頡作書，后稷作稼，臯陶**

作刑，昆吾作陶，夏鮌作城，此六人者，所作當矣。」

文字應是經多代多人的共同創造產物，並非一時一人的個別創作，但有一傑出者綜合前人的所創，整合而成一個系統，卻是可能的。假如真有創頡造字其人其事，也只會是因此。成書於戰國時代的《荀子・解蔽》也說：「**好書者眾矣，而倉頡獨傳者壹也。**」

然而，在後世也並非沒有帝王指令一人去創造文字的例子，例如在 920年，遼太祖便指令兩名大臣耶律突呂不和耶律魯不古，參照漢字，創造出契丹文。但當時的漢文化已經極度先進，照抄並不困難，然而在倉頡的年代，要無中生有，由一兩名史官去造字出來，其難度是不可同日而語的。

前引的漢朝文字學者許慎在《說文解字 ・序》說：「**黃帝史官倉頡，見鳥獸蹏迒之跡，知分理可相別異也，初造書契，百工以乂，萬品考察，蓋取諸夬……倉頡之初作書，蓋依類象形，故謂之『文』，其後形聲相益，即謂之『字』。**」

以上的說法是：第一，倉頡是黃帝的史官。第二，他負責造字。第三，啟發他造字的靈感，是來自鳥獸的圖案，即花紋，因此才叫「文」，是以這是象形文字。後來象形文字演化成為形聲，因此又叫「字」。

漢朝的緯書《春秋緯 ・元命苞》說：

倉帝史皇氏，名「頡」，姓「候剛」，龍顏侈侈，四目靈光，實有睿德，生而能書。於是窮天地之變，仰觀奎星圓曲之勢，俯察龜文鳥羽山川，指掌而創文字，天為雨粟，鬼為夜哭，龍為潛藏。

「候剛」應該是「倉」的切音。正如《說文解字》說，他是「黃帝史官」，因此尊稱為「史皇氏」。他寫歷史的方法，就是用刀來刻出圖形。

西漢時成書的《淮南子 •本經》：「**昔者蒼頡作書，而天雨粟，鬼夜哭。**」究竟為甚麼天地要為倉頡造字作出這麼大的反應呢？古人並沒有說。「鬼哭龍潛」代表了甚麼，先不去論，不過如果天上跌下了食物，這應該是好事而不是壞事吧？

17. 倉頡 =契

根據南開大學朱彥民教授的考證，認為「倉頡」很可能就是「商契」，除了因為發音相同，《爾雅 •釋鳥》也有講：「倉庚，商庚」，即「倉」、「商」兩字相通，不消說，「契」與「頡」也是同音，由於他發明了用刀刻出圖法，因而被稱為「契/ 頡」。

《百度百科》的「契」字條：

契古字寫作“㓞”，始見於商代甲骨文，古字形像用刀契刻圖案的樣子，本義就是“刻”。甲骨文又名契文或殷契，就是因為這種文字是古人用刀刻在龜甲或獸骨上的。“契”也指刻劃用的刀具。古人刻木為記，故引申為契約義。

《爾雅》說：「契，刻也，刻識其數也。」在以前，文字普遍是在陶器、竹木簡、甲骨、玉石等刻劃，因此，「倉頡」和「商契」都是做同樣的事情。

《易經 •繫辭下》說：「**上古結繩而治，後世聖人易之**

以書契，百官以治，萬民以察，蓋取諸夬。」

西晉的皇甫謐在《帝王世紀》說：「**黃帝使蒼頡取像鳥跡，始作文字之篆，史官之作，蓋自此始。記其言行，冊而藏之，名曰『書契』。**」

對比這段，倉頡所創作的「鳥篆」，以及他的文字叫「書契」，都吻合了他作為「玄鳥」和「商契」的身分。

《荀子 • 解蔽》說：「**故好書者眾矣，而倉頡獨傳者，壹也。**」為甚麼這麼多的方國均有文字，而只有倉頡的文字流傳下來呢？如果說，他就是商朝的先祖，商朝建立了王朝霸權，那當然只有它/ 他的文字可以流傳下來，而其他方國不是被滅亡，就是歸順了商朝，文字自然也會消失。

18. 史官/ 帝？

有記載說，倉頡不是黃帝史官，本身就是「帝」，因此前述的《春秋緯 • 元命苞》才說「倉帝史皇氏」。另一本漢代緯書《河圖緯 • 玉版》也說：「**倉頡為帝，南巡狩，登陽虛之山，臨於玄扈洛汭之水，靈龜背書，丹青甲文，以授帝。**」

以上的兩本緯書並不可靠，但漢朝學者劉向在《漢書 • 古今人表疏證》也說：「**倉頡或以為古帝，或以為黃帝史官，莫疑能定。**」

緯書《洛書 • 說禾》則說得比較籠統：「**倉帝起，天雨粟，青雲扶日。**」同書的另一版本則說：「**倉帝起，天雨粟血，木有生不落，青雲扶日。**」

「起」可能有幾個意思，例如成功、登位，當然也有可能只是指他成功造字，因而崛起。

至於我的看法，共有兩點。第一，黃帝史官同時也可以是某氏族的首領。

第二，有時候，中國人把特別尊敬的人物，也稱作「帝」，例如關羽也被稱為「關帝」，皆因「帝」也有神仙的意思，如商朝人把神稱為「上帝」。如果後人把倉頡當作神仙來膜拜，則他也可算是一位「帝」。

第三，那時並沒有「天無二日，國無二主」的觀念，縱是黃帝稱了帝，也不排除倉頡也來效法，同時稱帝，這好比周朝時的周天子稱「王」，楚國的領袖也稱「王」，兩者並不矛盾。

《河圖》的緯書把他描寫得地位最高，「五帝」之一：「**東方倉帝，神名『靈威仰』，精為青龍。南方赤帝，神名『赤熛怒』，精為朱鳥。中央黃帝，神名『含樞紐』，精為麟。西方白帝，神名『白招矩』，精為白虎。北方黑帝，神名『葉光紀』，精為玄武。**」

靈威仰、赤熛怒、含樞紐、白招矩、葉光紀這五個名字，應是音譯。

又說：「**倉帝方面，赤帝圓面，白帝廣面，黑帝深面。**」「**倉帝望之大，視之博，白帝望之明，視之義。**」

《春秋緯•元命苞》說他：「**治一百十一載，都于陽武，終葬衙之利鄉亭南。**」

一個人當不可能超過110年的壽命，也許是他的政權延續了110年。不過這還不算誇張，《河圖》的緯書甚至說：「**創**

帝之治八百二十歲，立戊午蔀。」

「蔀」是古代曆法為一個單位，即 27,759日，或 76年。詳請可參閱拙作《古代中國曆法：八卦、易經、河圖、洛書》。上述《春秋緯 •元命苞》引文的注是：「**周文王以戊午蔀二十九年受命。**」換言之，倉頡和周文王都是在戊午蔀登位，以 60年為一個甲子輪回，即是兩王登位相隔了 4,560年。

「陽武」位於今日的河南省新鄉市原陽縣。

如果倉頡真的是商朝的先祖，也就可以完滿地解釋前文講的他是「倉帝」，以及前引《河圖》的緯書說他統治了「八百二十歲」，以及用「戊午蔀」來和周武王相比較，皆因兩人都是帝王，方有可比之處。

19. 倉頡是黃帝/ 俊時人？

最深入民心的說法，是倉頡是黃帝時人。漢朝文字學者許慎在《說文解字 •序》說：「**黃帝史官倉頡，見鳥獸蹄迒之跡，知分理可相別異也，初造書契，百工以乂，萬品考察，蓋取諸夬。**」

《世本 •作篇》說：「**沮誦、倉頡作書。**」三國時期的學者宋衷的注是：「**黃帝之世，始立史官，倉頡沮誦居其職，至於夏、商，乃分置左右。**」

究竟炎帝、黃帝和唐、虞、夏、商之間的傳承關係，除了在漢朝的附會編作下，反而可得出一個完整的世系，現時經過史學家結合考古資料的大量研究，反覺得混淆不清。不過，黃帝作為傳說中的第一個君主，很多發明都是附會於他的名下，卻是客觀的事實。

另有一個説法，出自前文引過的《山海經 • 大荒東經》：**「有白民之國。帝俊生帝鴻，帝鴻生白民，白民銷姓，黍食，使四鳥，虎、豹、熊、羆。」**

據此，則帝鴻甚至是俊所「生」，當然是後於俊。不過，帝鴻究竟是不是黃帝，得用專文/ 專書去研究，我寫書，常常寫得離題千百丈，再寫下去，就離題萬丈了。

20. 四目、並乳

漢朝的王充在《論衡 • 骨相》也提到「倉頡四目」，即是有四隻眼睛，當然不是今人的近視戴眼鏡。

這很可能只是用當時文字來描繪古代圖法所出現的訛誤。甲骨文的「倉」字是這樣寫的：

這豈不正是活脱脱的「四目」嗎？

此外，《河圖》的緯書又説：「倉帝並乳。」究竟以上圖法算不算是「並乳」，請讀者自行判斷。

21. 倉頡書

西元992年，時值宋朝編印的書法集《淳化秘閣法帖》收錄了《倉頡書》，一共有 28個字，據説是由倉頡所寫，當然沒有人能證實此事。其後有另一份書法集《大觀帖》，將 28字譯為「**戊己甲乙，居首共友，所止列世，式氣光名，左互爻家，受赤水尊，戈茅斧芾。**」

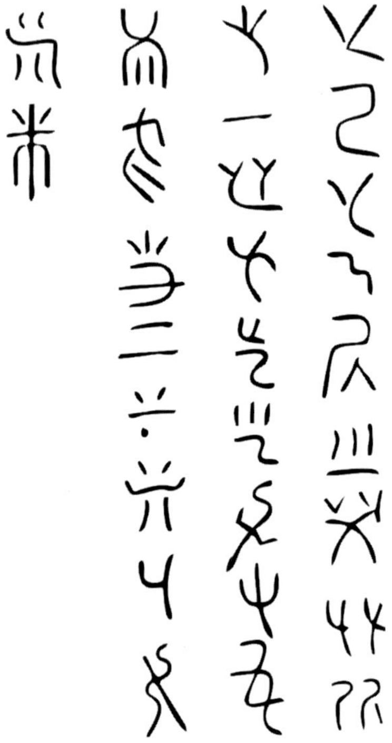

22. 葬地

《春秋 • 元命苞》説倉頡「**終葬衙之利鄉亭。**」

現時中國有很多個倉頡墓，都是旅遊景點，如利鄉、白水、開封，不知哪個是真，又或是全假。陝西省白水縣的倉頡廟在2001年被國務院定為國家級文物保護單位。該廟歷史悠久，有一座名為「倉頡廟碑」，建於東漢延熹年間的 162年。

23. 閼伯

《左傳 • 昭公元年》記載：

昔高辛氏有二子，伯曰「閼伯」，季曰「實沈」，居於曠林，不相能也。日尋干戈，以相討伐。后帝不臧，遷閼伯于商丘，主辰，商人是因，故辰為商星。遷實沈於大夏，主參，唐人是因，以服事夏、商。

「閼伯」是「高辛氏」的後人，也是在堯時負責祭祀大火星/ 大辰星的官員。「高辛氏」就是「嚳」，後文會講。

這個「閼」字的由來，出自「閼伯」，他是陶唐氏，也即是堯的「火正」，也即是「國防部長」。《左傳 • 襄公九年》說：「**陶唐氏之火正閼伯，居商丘，祀大火，而火紀時焉，相土因之。**」

關於「相土」，《史記 • 殷本紀》說：：「**契卒，子昭明立。昭明卒，子相土立。**」換言之，「相土」是商人祖先契的孫兒，卻繼承了閼伯的土地。究竟相土是否閼伯的後人？兩人有無、如有，則是何關係？史書沒有記載。

閼伯的「祀大火」，意即「大火星」，是堯時所用的八卦曆法的主星。有關八卦曆法，我在《中國古代曆法》講得很清楚，不贅。

人們認為，這位「閼伯」，就是商朝的始祖契。《百度百科》的「閼伯」和「契」是同一條目：「契，又名『卨』，別稱“閼伯”。契是帝嚳與簡狄之子、帝堯異母弟。被帝堯封于商（今河南省商丘市）主管火正，其部族以地為號稱“商”，契成為商始祖，是商朝建立者商湯的先祖。後世尊稱其為“商祖”、“火神”。」

《漢書 •五行志》也有說：「帝嚳則有祝融，堯時有閼伯，民賴其德，以為火祖，配祭火星。」

又有一點值得注意：閼伯負責祭祀大火星，董仲舒在《春秋繁露 •三代改制質文》說舜是天文專家：「性長於天文，純於孝慈。」由此觀之，閼父大概率是虞舜的族人

《宋史 •禮志六》說在 1169年，宋政府把閼伯封封為「商丘宣明王」：

乾道五年，太常少卿林栗等言：「本寺已擇九月十四日，依旨設位，望祭應天府大火，以商丘宣明王配。二十一日內火，祀大辰，以閼伯配。大辰即大火，閼伯即商丘宣明王也。緣國朝以宋建號，以火紀德，推原發祥之所自，崇建商丘之祠，府曰應天，廟曰光德，加封王爵，錫謚宣明，所以追嚴者備矣。今有司旬日之間舉行二祭，一稱其號，一斥其名，義所未安。乞自今祀熒惑、大辰，其配位稱閼伯，祝文、位版並依應天府大火禮例，改稱宣明王，以稱國家崇奉火正之意。」

「太常寺」就是負責祭祀的部門。

24. 閼父

我講過周武王把「閼父」的後人嬀滿封在陳國，這位「閼父」是周氏族的「陶正」，也即是專門製作陶器的工匠。還記得嗎？舜是陶器專家。這工作顯然十分重要，因為陶器是祭祀祖先及神明的工具。

《新唐書 • 宰相世系表下》把「閼父」稱為「遏父」，說他是商均的三十二世孫。明朝時的官方韻書《洪武正韻》的「閼」條目說：「阿葛切，音『遏』。」但照今人的讀法，則「閼」字的讀音，反而更為接近「虞」字。

單看名字就知道，閼伯很可能就是閼父的祖先。

總之，陳國的先祖叫「閼父」，陳國的地點是在今日的商丘市，而商丘正是當年閼伯的封地，閼伯屬於高辛氏，也即舜所屬的氏族，大概率是有虞氏的族人，至於其封地，也即是商丘，被商朝先祖契的孫子相土繼承了，他又已被公認和商朝的祖先契是同一人。後來，這塊土地又被周武王封了給陳國。

毫無疑問，以上的名字和地方，不可能有這麼多的巧合，必然有一條串連的線索。

25. 嚳的出身

《史記 • 五帝本紀》記載：

帝嚳高辛者，黃帝之曾孫也。高辛父曰「蟜極」，蟜極父曰「玄囂」，玄囂父曰「黃帝」。自玄囂與蟜極皆不得在位，至高辛即帝位。

高辛於顓頊為族子。高辛生而神靈，自言其名。普施利物，不於其身。聰以知遠，明以察微。順天之義，知民之急。仁而威，惠而信，修身而天下服。取地之財而節用之，撫教萬民而利誨之，歷日月而迎送之，明鬼神而敬事之。其色郁郁，其德嶷嶷。其動也時，其服也士。

帝嚳溉執中而遍天下，日月所照，風雨所至，莫不從服。帝嚳娶陳鋒氏女，生放勛。娶娵訾氏女，生摯。帝嚳崩，而摯代立。帝摯立，不善，而弟放勛立，是為帝堯。

《帝王世紀》說：「**帝嚳，姬姓也。其母不覺，生而神異，自言其名曰『齒並齒』，有聖德。年十五而佐顓頊，三十而登帝位。都亳，以木承水。在位七十年，年一百五歲而崩。**」

「嚳」字的金文法寫法，不算其部首，只看下半截，的確有點像「齒並齒」，即「咬緊牙關」：

前文引過的《泗志鈎沉》寫：「**顓頊封其庶子窮蟬于姑幕。**」

綜合以上：嚳是黃帝的曾孫、玄囂的孫兒，當年玄囂把帝位傳給顓頊，而不傳給自己的兒子蟜極。顓頊在位時，嚳已經輔助他了，同時顓頊也沒有把帝位傳給自己的兒子窮蟬，而是把窮蟬于姑幕，君主之位則傳回給玄囂的孫兒，自己的「族子」，即是「遠房侄兒」，嚳。

帝嚳的重要性，除了他是「五帝」之一外，還因為他是商朝和周朝的祖先。

《史記 • 殷本紀》說：「**殷契，母曰『簡狄』，有娀氏之女，為帝嚳次妃。三人行浴，見玄鳥墮其卵，簡狄取吞之，因孕生契。契長而佐禹治水有功……封于商，賜姓『子』氏。**」

《史記 • 周本紀》又說：「周后稷，名『棄』。其母有邰氏女，曰『姜原』。姜原為帝嚳元妃。」

26. 金文的嚳

前面刊登了金文的「嚳」字寫法。

商朝巫師會把這字分寫成「學」、「戊」兩部分。據我看到的資料，更早期寫法應是來自「癸 +戊」。

民國時的古文字學大師王國維認為，這個「嚳」字就是「夒」字。我在網上查找，最像「嚳」字的「夒」字是《說文解字》的版本：

其實照我看來，也不大像。不過「嚳」字即「夒」字，幾乎已成定論。我不是古文字專家，也沒看過多少這兩字的不同時代版本，既然已是公認，我必然承認這結論。

就此說，嚳 =高祖夒，也即是商朝的祖先。事實上，《史記 • 殷本紀》也有說：「**殷契，母曰『簡狄』，有娀氏之女，為帝嚳次妃。**」

27. 高辛氏

《竹書紀年》的條目是「帝嚳高辛氏」，皆因「高辛氏」

是嚳的氏族。《春秋 • 命曆序》說：「**帝嚳，即高辛氏，傳十世，四百歲。**」

《大戴禮記 • 五帝德》記載：「**宰我曰：『請問帝嚳？』孔子曰：「玄囂之孫，蟜極之子也，曰『高辛』。生而神靈，自言其名；博施利物，不於其身；聰以知遠，明以察微；順天之義，知民之急；仁而威，惠而信，修身而天下服。**」

問題是：甚麼是「高辛」呢？

司馬貞在《史記索隱》引用東漢經學家宋衷的說法：「高辛，地名，因以為號，嚳名也。」

「高」是冠詞，夏、商時代存在「有莘氏」，周朝有「辛國」，但卻不知「高辛」其地何在。

先說背景資料：根據近代考古學家張光直的研究結果，先商時期的商氏族分為十個部族，好比《舊約聖經》所載以色列的十二支派。這十部族以十天干來命名，如伊尹的祭日往往選丁日，殷墟卜辭中也常稱伊尹族為「伊丁」，說明伊尹為丁族。商銅器銘文中有丙族、己族，還有癸族、乙族及丁族組成的師旅，並由乙族受旗擔任軍隊的司令。

陝西師範大學歷史文化學院教授王暉在《殷商十氏族研究》提出了很有說服力的說法：高祖、河、岳、王亥等先公的祭日一般為辛日，例如說，祭祀「王亥」的干支有 8條，用辛日的已有 7條，不用的僅一條。辛日與非辛日祭祀「河」的比例是 12比 2，或 13比 1，因有一條看不清楚。祭「岳」的比例是 11比 3。

所以，商的這一系部族是「高辛氏」。

按：「高祖」也即是夔＝夋＝嚳。

直至後來，高辛氏一系的的商湯打下了江山，自認是十氏族的共主，因此才全佔了十天干，分別來作祭祀，而這商的整個氏族則被統稱為「有莘氏」。這好比漢朝的皇室家族和皇室支系，前者是皇室家族，後者的範圍則大得多，包括了封王的諸國，也包括了像劉秀、劉備這些本來甚麼也分不到的庶人。

據史書記載，商朝的湯和伊尹都是「有莘氏」的族人。已知「有」和「高」都是代表尊敬的冠詞，唐朝的《元和姓纂》說：「**夏后啟別封於莘，子孫去草為辛，遂為『辛氏』。**」這即是說，「莘」即是「辛」，因此，有莘氏也即是高辛氏。我有另文專講有莘氏。

28. 嚳＝俊

先前我們分析過，「夔 ＝俊」，以及「嚳 ＝夔」，現在則列出「嚳＝俊」的例子，以完成這個三角閉環。

《帝王世紀》說：「**帝嚳高辛氏，姬姓也，其母不見。生而神異，自言其名曰『俊』。**」元朝的梁益在《詩傳旁通 • 卷五》也寫道：「**夫帝俊者，帝嚳之名也。**」

「嚳＝俊」也已成為定論，王國維在《論衡校釋卷第五》說：「『帝俊即帝嚳。』帝嚳為殷人所自出，則十日傳說必為殷人創生，而以屬之於其祖者也。」

當代學者張開焱在《夔、嚳、夋、舜的演變關係再檢討則》索性坦言：「關於帝嚳的稱謂，在甲骨文中從未見過，許多學者認為乃是周人奪取統治權後，為了在意識形態領域確立統治地位，而從帝俊轉換出來的一個神帝，應該是可以確認的。」

29. 嚳 =舜

繞了一個大圈，現在又說回本書的主角，舜：「嚳 =舜」。

《山海經 • 大荒西經》說：「**帝俊妻常羲，生月十有二，此始浴之。**」《世本》說：「**帝嚳……次妃，訾陬氏之汝，曰『常儀』，生子摯。**」

「常羲」即是「常儀」，已是史學界共識，一個是「帝俊妻」，另一則是「帝嚳次妃」，因此，從以上兩段可推論出：俊 =嚳。

《國語 • 魯語》說：「**故有虞氏禘黃帝而祖顓頊，郊堯而宗舜；夏后氏禘黃帝而祖顓頊，郊鮌而宗禹；商人禘舜而祖契，郊冥而宗湯；周人禘嚳而郊稷，祖文王而宗武王。**」

《禮記 • 祭祀》有差不多的說法：「**祭法有虞氏禘黃帝而郊嚳，祖顓頊而宗堯。夏后氏亦禘黃帝而郊鯀，祖顓頊而宗禹。殷人禘嚳而郊冥，祖契而宗湯。周人禘嚳而郊稷，祖文王而宗武王。少昊始制宗廟，周公始為七廟，舜始制廟號。**」

兩者最大的不同，是前者說「商人禘舜」，後者說「殷人禘嚳」，殷是商朝晚期的所在地，如果把「嚳 =舜」看作前提，則這兩者所說的是同一件事。

民國的聞一多在《天問疏證》說：「**帝即帝俊，一曰『帝**

嚳』，又曰『帝舜，即東夷人之天帝也。」近代學者郭沫若在《中國古代社會研究》也說：「**舜與帝俊、帝嚳為一。**」近代史學家楊寬也有相同看法：「**帝俊、帝嚳、帝舜為一帝之分化。**」

《大戴禮記 • 世系》說：「**帝嚳卜其四妃之子，皆有天下。上妃有邰氏之女，曰『姜原』，生后稷；次妃有娀氏之女，曰『簡狄』，生契；次妃陳酆氏之女，曰『慶都』，生帝堯；次妃訾陬氏之女，曰『常儀』，生帝摯。**」

這「四妃之子」，分別生了周、商兩朝的祖先，以及堯、摯兩帝。這很明顯是後人的政治創作。周人把自己的祖先寫成正室的兒子，固然是大大有利，但最有利的，還是嚳本人，生下了兩朝祖先和兩帝。問題在於，誰是佔最大便宜的嚳？

回答這問題，得問上另一問題：創作這世系的人，為甚麼沒有加上舜？如果把摯換上了名氣更大的舜，豈非更有利嗎？這故事豈非更完美嗎？

最直觀也最完滿解釋的答案是：舜就是嚳本人，他當然不可能自己生下自己。

30. 嚳與太昊、少昊

已故的山東大學歷史系教授田昌五說：「帝嚳，亦作帝浩、帝告，與皞、昊、皓、暤、皋、臯同音通用，所以帝嚳就是帝皞，從太皞和少皞而來，顯然屬於東夷。」

太皞和少皞是東夷人，舜也是來自東夷，殆無疑問。如果嚳和舜是一人，則他當然是東夷。至於甲骨文說的「帝告」，由於「告」字在甲骨文是一個常用動詞，因此，大部分學者認為，「帝告」應不是一個名字，而是兩個字，一名詞 +一動詞。

31. 五帝

《鬻子》說帝嚳「**其治天下也，上緣黃帝之道而明之，學帝顓頊之道而行之。**」

嚳在中國列為「五帝」之一，評價很高。據《史記》、《白虎通義》、《大戴禮記》、《春秋繁露》，「五帝」分別是：黃帝、顓頊、嚳、堯、舜。據《尚書•序》、《世本》，「五帝」則是：少昊、顓頊、嚳、堯、舜。但按《孔子家語•五帝》，則是太皞、炎帝、黃帝、少皞、顓頊，沒有嚳、堯、舜的份。

宋朝的羅泌在《路史•國名紀丙》中則指嚳名大於實：「**帝嚳之治天下，其跡之聞於代者，初無赫赫之功**」，「**帝嚳之政亦惟仁柔無苛而已**」。當然，如果嚳即是舜，則可把羅泌的質疑完全解釋了。

32. 后稷

「后稷」是周氏族的先祖，名字叫「棄」，這名字的來源因其母親一度想拋棄他，後來回心轉意。《史記•周本紀》說：

周后稷，名棄。其母有邰氏女，曰「姜原」。姜原為帝嚳元妃。姜原出野，見巨人跡，心忻然說，欲踐之，踐之而

身動如孕者。居期而生子，以為不祥，棄之隘巷，馬牛過者皆辟不踐；徙置之林中，適會山林多人，遷之；而棄渠中冰上，飛鳥以其翼覆薦之。姜原以為神，遂收養長之。初欲棄之，因名曰「棄」。

為甚麼他又叫「后稷」呢？皆因他是務農天才，甚麼都懂得種植，而且有本事找到好的農地，其他人皆向他學習。堯聽聞他的能力，因而找他當農業部長。因他工作出色，堯封了他到「邰」，即今日山東省費縣南部，號稱「后稷」，另外，姓「姬氏」。《史記 • 周本紀》的說法是：

棄為兒時，屹如巨人之志。其遊戲，好種樹、麻、菽，麻、菽美。及為成人，遂好耕農，相地之宜，宜谷者稼穡焉，民皆法則之。帝堯聞之，舉棄為農師，天下得其利，有功。帝舜曰：「棄，黎民始飢，爾后稷播時百穀。」封棄於邰，號曰「后稷」，別姓「姬氏」。后稷之興，在陶唐、虞、夏之際，皆有令德。后稷卒，子不窋立。」

「麻」和「菽」分別指所有麻類植物，和所有豆類植物。換言之，他的種植可同時解決人民的衣、食兩大基本需求。

根據《百度百科》的「稷」條：本義是一種糧食作物，但具體所指說法不一，一說為穀子，一說為高粱，一說為不粘的黍。稷在古代是非常重要的糧食作物，被當作「百穀之長」。

換言之，它和「粟」字一樣，泛指「所有的穀物」。已知他的名字是「棄」，那麼，「后稷」就是封號，意即「農業之王」。

這個「后」字有「地上的君王」的意思，堯、舜時代，也沒有其他人被封為「后」，是夏朝的國君才稱為「后」。也不排除這名銜是由其後人，即周氏族在當上了君主之後所追封的。事實上，《左傳 • 昭公二十九年》也沒有說「稷」是「后」：「**周棄亦為稷，自商以來祀之。是故厲山氏之有天下也，其子曰『農』，能植百穀。夏之衰也，周棄繼之，故祀以為『稷』。**」

《禮記 • 祭法》的記載與此完全相同。

「厲山氏」被認為是指「黃帝」，這得在我講「黃帝」的專書中去解說。這裏說黃帝指派了名叫「農」的兒子去負責耕種。直至夏朝末年，這位子才由周朝的棄去繼任，因商朝是以棄去管農業，他因而被以「稷」的名義去作祭祀。換言之，「稷」是廟號，不是名字。

不消說，「農」也與「稷」同義。

對比前引的《史記 • 周本紀》，卻說棄是堯時人。這兩種說法無疑是互相矛盾。

還有一種說法，說棄是在夏朝初年，已當上了農業部長。《國語 • 魯語上》說：「**夏之興也，周棄繼之，故祀以為『稷』。**」

回說前述《史記 • 周本紀》的說法，則反而是他把這位子從堯時一直當到夏朝末期，不窋接位後，才被炒掉。不窋被革職後，去了異族的地方放牛。原文是：「**后稷卒，子不窋立。不窋末年，夏后氏政衰，去稷不務，不窋以失其官而犇戎狄之間。**」

《史記集解》引用三國時的史學家韋昭的說法：「**夏太康失國，廢稷之官，不復務農。**」君主亡國了，臣子自然也要離職。

《國語 • 周語》的說法和《史記 • 周本紀》差不多，也是指稷在堯、舜時期，已在中央政府任職：「**昔我先世后稷，以服事虞、夏；及夏之衰也，棄稷弗務。我先王不窋，用失其官，而自竄於戎、翟之間。**」

按：史學家認為，《史記》的作者司馬遷看過《國語》，因此其《報任安書》有：「左丘失明，厥有《國語》」這句話。但他卻沒有看過《左傳》。也許因此，他採用了《國語》說的后稷「服事虞、夏」，而沒用《左傳》說的「夏之衰也，周棄繼之」。

《帝王世紀》甚至明確地指出了不窋的母系：「**后稷納姞氏，生不窋。**」

「窋」的字義是《說文解字》說「窋」的字義是「物在穴中貌。」因此，「不窋」就是「不在穴中」，也許指的正是「他丟了官」。

唐朝的孔穎達在《毛詩》的疏質疑稷的年齡：「**虞及夏、殷共有千二百歲。每世在位皆八十年，乃可充其數耳。命之短長，古今一也，而使十五世君在位皆八十許載，子必將老始生，不近人情之甚。以理而推，實難據信也。**」

三國時的史學家譙周在前引《國語 • 周語》的評語是：「**言世稷官，是失其代數也。若以不窋親棄之子，至文王千餘歲唯十四代，實亦不合事情。**」

上古時代的君主和人物往往被記載有不可思議的長壽，因此，這幾乎絕對可以肯定這是官名，而非個人名字，世世代代相襲。這個簡單的道理，在現代史學界，已是常識。像后稷，必然是官名，因他另有一名字，叫「棄」。我不明白古代的史學家，連譙周、孔穎達這級數的專家，也看不出其箇中原理。

解釋上述《史記 • 周本紀》的說法：**后稷這名字代代相傳，直至不窋時，失去了位子，因而連「后稷」之名也失去了，只能叫「不窋」。**

33. 嚳的創造

為甚麼周人要照著舜的形象，創造出一個「帝嚳」來？

因為他們在得位後，要創造出自繼承商朝的合法性。《大戴禮記 • 帝繫》說：

帝嚳卜其四妃之子，而皆有天下。上妃有邰氏之女也，曰「姜原」，產后稷；次妃有娀氏之女也，曰「簡狄」，氏產契；次妃曰「陳豐氏」，產帝堯；次妃曰「陬訾氏」，產帝摯。

注意這排名，把周人的先祖稷排在「上妃之子」的首位，商人的先祖契的母親排第二，堯的母親只能排第三，摯則排第四，但卻並沒有舜。

這原因很簡單，舜就是嚳，不方便重覆，但是創作人有必要創作出「嚳」這個不存在名字，皆因誰都知道，舜在堯之後，不可能忽然變成堯的父親。

後人不明所以，又把舜和嚳當作成兩人，但這是以後的事了。

34. 嚳、俊與后稷

為甚麼會在本書扯上了周朝的先祖后稷呢？皆因前引的《史記 • 周本紀》説：「**周后稷，名『棄』。其母有邰氏女，曰『姜原』。姜原為帝嚳元妃。**」

《山海經 • 大荒西經》卻説后稷是俊的後代：「**有西周之國，『姬』姓，食穀，有人方耕，名曰『叔均』。帝俊生后稷，稷降以百穀。稷之弟曰『台璽』，生叔均。**」

對照以上兩條，前者説稷是嚳的後代，後者則説是俊所生，可再次得出：嚳 =俊。

35. 稷與嚳

周氏族和商氏族最有有過兩次的聯姻關係，一是古公亶父娶了商朝的「大任」，二是周文王娶了商朝帝乙的妹妹。這正如俄羅斯的伊凡三世娶了東羅馬帝國的遠房公主，便以羅馬帝國合法繼承人自居，周氏族也因此聯姻，和商氏族扯上了關係。

有人認為，稷的被記載為嚳的後人，是周人的虛構，目的是和商人的先祖扯上關係。且讓我們回到前引的《世本》那一段：「**帝嚳卜其四妃之子，皆有天下。元妃，有邰氏之女，曰『姜嫄』，生后稷；次妃，有娀氏之女，曰『簡狄』，生契；次妃，陳酆氏之女，曰『慶都』，生帝堯；次妃，訾陬氏之汝，曰『常儀』，生子摯。**」

這裏説的不但是商、周同源，而且周氏族的祖先后稷還是元妃，即正室之子，而商朝的祖先契不過是次妃之子。但這又衍生出另一個不能解釋的問題，就是稷既是元妃之子，為何不繼承君主之位呢？

《帝王世紀》的解說是，稷雖然是元妃之子，但並非長子：「**帝摯之母，于四人中，班最下。而摯于兄弟最長，得登帝位。封異母弟放勛為唐侯。摯在位九年，政微弱。而唐侯德盛，諸侯歸之。摯服其義，乃率群臣造唐而致禪。唐侯自知有天命，乃受禪，乃封摯于高辛。**」

這當然不符合嫡子接位的優序高於庶長子的傳統，但至少是一個說法。歸根結柢，最合理的推論，幾乎 99%是周氏族的虛構，藉此把自己的地位置在商氏族之上。

36. 稷之死

《山海經 • 海內經》曰：「**黑水青水之間有廣都之野，后稷葬焉。其城方三百里，蓋天下之中，素女所出也。**」皇甫謐的解說是：「冢去中國三萬里也。」

《史記 • 殷本紀》引《尚書 • 湯誥》，把大禹、皋陶、后稷並列為「三公」：「**古禹、皋陶久勞于外，其有功乎民，民乃有安。東為江，北為濟，西為河，南為淮，四瀆已修，萬民乃有居。后稷降播，農殖百穀。三公咸有功于民，故後有立。**」

37. 郃姓

我認識的郃姓，來自歌星郃正宵，其首本名曲應是《九佰九拾九朵玫瑰》吧。

清代學者王相著作的《百家姓考略》說：「帝堯封后稷於邰，子孫以邰為氏。」

根據《史記 ‧周本紀》的說法：棄「**其母有邰氏女**」。又說：堯「**封棄於邰，號曰『后稷』，別姓『姬氏』。**」

問題在於，如果棄的母親是有邰氏，他從出生就是邰的人，又何用堯封他到邰呢？

再說，按照「因地為氏」的原則，他這個「姬」姓又從何而來？因此我有合理懷疑，這也是周人在後世的附會，把自己和稷拉上關係，所以才有必要把冠以「姬」姓。

有邰氏其實是「姜」姓。不但如此，周文王的父親、周武王的祖父季歷還娶了其族中女人當妻子，生下了周文王。劉向在《列女傳 ‧周室三母》說：「**太姜者，王季之母，有台氏之女。太王娶以為妃。生太伯、仲雍、王季。貞順率導，靡有過失。大王謀事遷徙，必與。大姜。君子謂大姜廣於德教。**」

如此一來，把棄的母親寫作是「有邰氏」，就更加理由十足了。

「邰」另有一個來源，是鮮卑族的改姓，《通志 ‧氏族略》說：「**大利稽（三字姓）之為『邰』。**」

不過，我在《魏書 ‧官氏志》卻看到：「**大莫干氏，後改為郃氏。**」注意，這「郃」字不同「邰」字。還有一句：「**太洛稽氏，後改為稽氏。**」

至於「大利稽」，則也有改姓「蔡」，《百度百科》有

「蔡俊，本姓大利稽氏，字景彥，廣甯郡石門縣人。北魏將領，甯朔將軍蔡普之子。」

所以我懷疑，《通志 • 氏族略》的說法是錯的。

有莘氏

1. 起源

有莘氏又名「有侁氏」，東漢史學家高誘在注後文引的《呂氏春秋 • 考行覽 • 本味》說：「侁，讀曰『莘』，故有侁氏即有莘氏。」

其歷史可能很悠久，唐朝的林寶在《元和姓纂》中講到當朝皇帝李氏家族的起源說：「**帝顓頊高陽之裔。顓頊生大業。大業生女莘，女莘生咎繇，為堯理官，子孫因姓李氏云云。裔孫理徵得罪於紂。其子利貞逃難伊侯之墟，食木子得全，因變姓李氏。利貞十一代老君，名耳，字伯陽，居苦縣賴鄉曲仁裡。曾孫曇，生二子：崇、璣。崇子孫居隴西，璣子孫居趙郡。崇五代孫仲翔，生伯考。伯考生尚。尚生李廣也。廣以後生唐高祖李淵。**」

《元和姓纂》是官方著作，有關李淵的部分當然大有穿鑿，可是講到「大業生女莘」，卻應是有根據的。可是這「女莘」究竟是不是後來的「有莘氏」的祖兒，則不可考了。

我在講「祝融」那篇談及過「祝融八姓」。至於這究竟是哪八個姓氏，不同的典籍有不同的說法。其中一個說法正是《潛夫論 • 志氏姓》云：「祝融之後分為八姓：已、禿、彭、姜、妘、曹、斯、莘。」不過，正如我說過，「祝融」是官職而非純粹的氏族，因而隨著時代改變，其組成也有改變，也很正常。再說，前文講過，「八」在古代中文也是約數、齊頭數，甚或是文學形容，因而不必深究。

2. 立國

《大戴禮記 • 帝系》說：「**鯀娶於有莘氏之子，謂之『女志氏』，產文命。**」《世本 • 帝系篇》說：「**鯀娶有辛氏女，謂之『女志』，是生高密。**」《漢書 • 古今人表》說：「**鯀妃，有辛女。**」

鯀就是在堯時期治水失敗的那位，據說禹就是他的後代，「文命」是禹的名字，「高密」則是禹的氏族。

話說啟承繼了禹的江山，自封「夏后氏」，把其庶子封了在「莘」這地方。《世本 • 氏姓篇》說：「**辛氏，夏啟封支子于莘，莘、辛聲相近，遂為『辛氏』，周有辛甲、辛有。**」

如果要不矛盾地把以上事件連成一串，則啟是把一位庶子封到了他的祖母有莘氏的固有地盤，其後把「莘」改作「辛」字。不過大家也應該知道，不同的古代記述互相矛盾，是常有的事。

唐朝的《元和姓纂》也說：「姒姓，夏后啟別封於莘，子孫去草為辛，遂為『辛氏』。」這當然另有解釋，我在講「姒」姓來源時才會再作討論。

3. 莘即虞

《元和姓纂》又說：「**帝顓頊高陽之裔。顓頊生大業。**

大業生女莘，女莘生咎繇。」

《新唐書‧宗室世系表第十上‧宗室世系上》卻把「女莘」寫成了「女華」：「**李氏出自嬴姓。帝顓頊高陽氏生大業，大業生女華，女華生皐陶，字『庭堅』，為堯大理。生益，益生恩成，歷虞、夏、商，世為大理，以官命族為『理氏』。**」

由此可見，「莘」字和「華」字，在古時作為專名時，是相通的。《國語‧鄭語》中，史伯對鄭桓公說：「**若克二邑，鄔、弊、補、舟、衣、柔、歷、華，君之土也。**」這個「華」字，也有一些版本作「莘」。

我在另文講過，「虞」字即「華」字，也即是「華夏」的「華」字之出處。這個「莘」字無論圖法和讀音都和「虞」、「華」兩字相差太遠，相信只是意譯，皆因女莘就是虞/ 華/ 舜/ 商的女姓祖先也。

《左傳‧襄公四年》說：

昔周辛甲之為大史也，命百官，官箴王闕，於《虞人之箴》曰：「『芒芒禹跡，畫為九州，經啟九道。民有寢廟，獸有茂草；各有攸處，德用不擾。在帝夷羿，冒於原獸，忘其國恤，而思其麀牡，武不可重，用不恢于夏家。』獸臣司原，敢告僕夫。」《虞箴》如是，可不懲乎？

《虞人之箴》的內容，從古以來的解釋，是訓勉君主節制興師動眾的田獵，創造人與百獸「各有攸處」，「攸」即「遊」，即「分別有自己的活動範圍」，互不相擾，因此，君主應該把更多的精力用來治國。

前人對「虞人」兩字的訓詁，指是掌管山澤苑囿的專人，為響應太史辛甲的號召而作此箴言。可是，把《左傳》這段記述看來看去，都像是太史辛甲自己寫的。「獸臣司原，敢告僕夫」的意思，並非說「虞人」是「獸臣」，而是「獸臣」把這番話告訴了太史辛/ 虞人，也就是文中自稱的「僕夫」。

簡單點說，「虞」就是「辛」，《虞人之箴》是太史辛甲本人寫給君主的勸勉。

4. 辛甲

說到「辛甲」的出身，《國語 • 晋語四》有講周文王專門到訪去講他為周朝當官效力，是周初的班底之一：

于是乎用四方之賢良。及其即位也，詢于「八虞」，而諮于「二虢」，度于閎夭而謀于南宮，諏于蔡、原而訪于辛、尹，重之以周、召、畢、榮，憶寧百神，而柔和萬民。

三國時韋昭的注是：「辛，辛甲；尹，尹佚；皆周太史。」

《漢書 • 藝文志》在「道家」類中記有他所著的《辛甲》二十九篇，今已不存。注意：他是生活於商朝和周朝的交替之間，比被認為是道家的始祖老子還早了幾百年。

班固對這一段的注是：「**紂臣，七十五諫而去，周封之。嘗向紂七十五諫，紂不聽，方去而至周。復由召公奭推薦，任周太史，受封于長子。曾倡議百官群臣各獻箴言，勸王行善補過。今存《虞人之箴》。**」

上文指的「長子」即今日的山西省長治市長子縣。

5. 有莘女

有莘氏以女性著名，我指的是，其族中女生很多都嫁了大人物。

《呂氏春秋 • 考行覽 • 本味》說：「**湯聞伊尹，使人請之有莘氏。有莘氏不可。伊尹亦欲歸湯。湯於是請取婦為婚。有莘氏喜，以伊尹為媵。**」

劉向寫的《新序 • 雜事一》直接說：「**湯之興也，以有莘；紂之亡也，以妲己。**」這是企圖說明，娶對的女人可以立國，娶錯女人則足以亡國。

有莘氏的女人除了生下了禹、嫁了給湯之外，還有更有名的，是當上了周文王的正室，也即是周武王的母親，名為「太姒」。據說，《詩經》最有名的首篇《國風 • 周南 • 關雎》，一說是描述太姒和周文王的愛情故事：「關關雎鳩，在河之洲。窈窕淑女，君子好逑。」這當然是胡說八道，我有文章專講這首詩，主題頗為色情，不贅。

6. 地點

對於有莘國究竟在何地，一共有四種說法：

《呂氏春秋 • 本味篇》說：「**有侁氏女子採桑，得嬰兒于空桑之中，其母居伊水之上，故名之曰『伊尹』。**」

《水經注 • 伊水》說：「**昔有莘氏女採桑于伊川，得嬰兒于伊川中，莘女取而獻之，命養於庖，而長有賢德，殷以為尹，曰『伊尹』也。**」

這可說明有莘國在「伊川之濱」，即今日的洛陽市欒川、嵩縣、伊川縣境內。有人甚至認為，在伊川縣東南伊水西岸的新城遺址，就是有莘國故城。

這城址是仰韶文化晚期和龍山文化的聚落，城牆東西長1680米，南北寬 1250米，面積約 2平方公里，有房屋遺址以及大量灰坑和墓葬，其周圍也有多處大型遺址。

《戰國策 • 秦策一》說：「**秦攻新城、宜陽，以臨二周之郊。**」《史記 • 秦本紀》說：「**秦昭王十三年，左更白起攻新城。**」今人繆文遠的說法，新城就是在位於伊川縣城東南部，而「新」與「莘」同音。

此外，《竹書紀年》說：「禹都陽城。」《孟子 • 萬章上》也說：「禹避舜之子于陽城。」陽城就是在今日的河南省登封市郜城鎮王城崗。它和新城相距只有八十公里。史說有莘氏是禹的母系所在，這不失為一條佐證。

第二種說法根據唐朝編撰的《括地志》在講到太姒時說：「古莘國城在同州河西縣南二十里」，也即是今日的陝西合陽縣東南。

第三種也是引述《括地志》，但這是講到伊尹時的說法：「古莘國在汴州陳留縣東五里」，同一本書居然有兩種不同的說法。雖然，國家可以搬遷，一個氏族也可同時分居幾個不同地方，不過，「汴州陳留縣東五里」這說法可信性最低。

四在山東省的曹縣。《春秋 • 僖公二十八年》說有莘氏的遺址是城濮之戰的所在地：「晉侯登有莘之墟以觀晉師。」又說：「晉師陳於莘北。」今人楊伯峻的注釋是：「莘 ，舊國名……據《春秋輿圖》， 有莘氏之虛在今山東省曹縣西北。」

唐朝李吉甫編寫的地理集《元和郡縣圖志》說：「**莘國**

故城，在濟陰東南三十里，即此城。此城南近景亳，伊尹所耕當在此。在縣北十八里莘塚集有古莘仲國君墓，湯妃母家也。」

《曹州府志 •曹縣》說：「**莘仲城，在縣北十八里，本夏有莘國，伊尹耕此。今名莘塚集，以有莘仲國君墓也。湯受命，遂為亳都畿內地。**」

清朝學者徐繼孺寫的《曹南文獻錄》說：「**莘國故城在曹縣北十八里，今莘仲集也。舊志：『古莘仲國君墓。有莘氏之女為湯妃。莘亦作侁，國名。伊尹為有莘氏媵臣，負鼎俎以滋味悅湯。戰國時有此說，本不足據。』今莘仲集舊祀伊陟，或即伊陟之墓歟。**」

另一位清朝學者葉圭綬《續山東考古錄》曰：「**晉方滅曹而南救宋，遇楚，避之三舍而次城濮，莘國在此無疑。**」

但有一點我得補充，就是在悠悠歷史長河，一個氏族遷徙過好幾次，住過不同地方，也是正常。再者，同一個氏族，因種種問題而分支出去，各認自己是正宗，也是常有。

7. 有莘氏 =高辛氏

我在另文說過，商朝的氏族以十天干為名，其中以辛族最為強大，而商朝有一位有名的祖先，叫「伊尹」，屬於「丁」氏族。由於「高」和「有」同是沒意義的冠詞，「辛」即是「莘」，換言之，有莘氏也即是舜、商的氏族，也即是高辛氏。

「有」字是冠詞，「高」字則應是尊稱，比「有」字高上一級，所以「高陽氏」、「高辛氏」、「高密」都是君主級數，數目就這三個，而「有」字的「氏」則多到數不清。

商是統治家族，有莘氏則是統治家族所屬的氏族，換言之，有莘氏是母集，商是子集。

8. 鯀

《大戴禮記 • 帝系》說：「**鯀娶於有莘氏之子，謂之『女志氏』，產文命。**」《世本 • 帝系》也說：「**鯀娶有辛氏女，謂之『女志』，是生高密。**」

如此說來，鯀是娶了高辛氏族長舜的女兒，生下了禹。換言之，禹是舜的外孫，這切合了古時君主和高層官員通婚的傳統。

9. 伊尹

《史記 • 夏本紀》說：

伊尹名「阿衡」。阿衡欲奸湯而無由，乃為有莘氏媵臣，負鼎俎，以滋味說湯，致于王道。或曰，伊尹處士，湯使人聘迎之，五反然後肯往從湯，言素王及九主之事。湯舉任以國政。伊尹去湯適夏。

這裏有兩個說法：一是伊尹為了投靠湯，因而先當廚師，以烹飪來作為晉身之階梯。二是湯知伊尹的能力，派人去禮聘，求了對方五次，伊尹方才答允為湯效力。

既知伊尹是商氏族的「丁族」人，因此，這裏說的應該是他去了投靠「辛族」的湯。解說一下：如果他並不屬於商氏族，則他在投靠湯後，應也會歸於「辛族」，而不會是「丁族」。

《孟子 • 萬章上》說：「**伊尹耕於有莘之野，而樂堯舜之道焉。非其義也，非其道也，祿之以天下，弗顧也，繫馬千駟，弗視也。**」

這進一步證明了，「有莘氏」也即是「高辛氏」。

《楚辭 • 天問》有一句：「**成湯東巡，有莘爰極。何乞彼小臣，而吉妃是得？水濱之木，得彼小子。夫何惡之，媵有莘之婦。**」這裏指的是湯向有莘氏的女兒提親，其首領便把伊尹作為陪嫁者，送給了湯。

10. **仲虺**

湯政府除了伊尹之外，還有另一位高辛氏的高級官員，名叫「仲虺」，是湯的宰相。《左傳 • 定公元年》說：「**薛之皇祖奚仲居薛、以為夏車正、奚仲遷於邳。仲虺居薛、以為湯左相。**」

《元和姓纂》說他是堯舜時代的賢人「八元」的後代：「高辛氏才子仲熊、仲堪之後為氏，有仲虺，為湯左相，其子孫氏焉。」

仲虺在政治上的最大貢獻，是寫了《尚書 • 仲虺之誥》，把湯滅掉夏朝這事情合理化了。《尚書 • 仲虺之誥》的前言是：「**湯歸自夏，至於大坰，仲虺作誥。成湯放桀于南巢，惟有慚德。曰：『予恐來世以台為口實。』**」

由於正文太長，不錄了。

11. 太任

《詩經 • 文王之什 • 大明》說：

明明在下、赫赫在上。天難忱斯、不易維王。天位殷適，使不挾四方。摯仲氏任，自彼殷商，來嫁于周，曰『嬪于京』。乃及王季，維德之行。大任有身、生此文王。

這裏說周文王的母親「大任」，又叫「太任」，從商朝出嫁，嫁給周氏族的族長季歷，生下了周文王。

這位「太任」其實是次女，不過嫁給了周氏族的族長，就成為了「大」。《毛傳》的注是：「摯國任姓之中女也。」「中」就是「仲」，即「第二」。

劉向寫《列女傳 • 周室三母》中的第二母，就是太任：「**大任者，文王之母，摯任氏中女也。王季娶為妃。太任之性，端一誠莊，惟德之行。及其有娠，目不視惡色，耳不聽淫聲，口不出敖言，能以胎教。溲於豕牢，而生文王。文王生而明聖，太任教之，以一而識百，卒為周宗。君子謂大任為能胎教。**」

《國語 • 周語中》列舉了和親制度的成功例子：「昔摯、疇之國也由大任，杞、繒由大姒，齊、許、申、呂由大姜，陳由大姬，是皆能內利親親者也。」

太任母家的「摯國」是由商朝君主祖己的後代所建立，《世本 • 氏姓篇》說：「**祖己七世孫成，徙國於摯，更號『摯國』**。」

《詩經 • 文王之什 • 思齊》也有講到大任：「**思齊大任，文王之母，思媚周姜，京室之婦。**」

為甚麼太任明明是有莘氏的摯國的女子，不跟有莘氏的姓，卻姓「任」呢？我在專講禹和夏朝的專書才作討論，本書不贅。

12. 太姒

《易經》第五十四卦叫「歸妹」，內容是講商王帝乙把妹妹嫁給西伯昌，也是後來周朝成立後被追封的「周文王」。帝乙即其末代君主辛的父親，「辛」是廟號，他生前的名字叫「受」。從輩份看，嫁給西伯昌的女人是受的姑姑。

「歸妹卦」的全文是：

歸妹，征凶，無攸利。初九，歸妹以娣，跛能履，征吉。九二，眇能視，利幽人之貞。六三，歸妹以須，反歸以娣。九四，歸妹愆期，遲歸有時。六五，帝乙歸妹，其君之袂，不如其娣之袂良。月幾望，吉。上六，女承筐無實，士刲羊無血，無攸利。

《詩經 • 文王之什 • 大明》在講完「太任」後，繼續講到「太姒」：

維此文王，小心翼翼。昭事上帝，聿懷多福。厥德不回，以受方國。天監在下，有命既集。文王初載，天作之合。在洽之陽，在渭之涘。文王嘉止，大邦有子。大邦有子，俔天之妹。文定厥祥，親迎于渭。造舟為梁，不顧其光，有命自天，命此文王。于周于京，纘女維莘。長子維行，篤生武王。

《詩經 • 文王之什 • 大明》講周文王娶了太姒，生下了周武王：「**纘女維莘，長子維行，篤生武王。**」這其中的

「纘」字，即繼承，意即太姒是有莘氏的貴族女子，《毛傳》對此句的注釋是：「莘，太姒國也。」

對比前文所說的「歸妹」，商王把妹妹嫁給周文王，這位妹妹是有莘氏，從而可推論出，商朝也是有莘氏，也即是高辛氏。

《詩經 • 文王之什 • 大明》先是說了周武王的祖父和父親先後娶了商朝的女人當妻子，很是風光。至於為何作為商王御妹的太姒為何不跟隨外家的國姓，而是姓「姒」？同樣地，在專講禹和夏朝的專書才作討論。

同是《詩經 • 文王之什 • 大明》，詩的最後，卻在講周武王翦商：

保右命爾、燮伐大商。殷商之旅，其會如林。矢于牧野、維予侯興。上帝臨女，無貳爾心，牧野洋洋、檀車煌煌、駟騵彭彭。維師尚父，時維鷹揚，涼彼武王，肆伐大商。會朝清明。

先講和商朝的和親，再講滅商朝，這種對比強烈的表達手法，讀者難免感到違和太曲折離奇了。

13. 西伯之囚

《史記 • 周本紀》說：「**帝紂乃囚西伯于羑里。閎夭之徒患之。乃求有莘氏美女，驪戎之文馬，有熊九駟，他奇怪物，因殷嬖臣費仲而獻之紂。**」人們用這條文來證明有莘氏以美女著名，但從邏輯看，「獻有莘氏美女給紂王」並不代表這氏族有很多美女。

《世本》更加表明了，這是周文王妻子家族的女人：「**莘國，姒姓，夏禹之後，即散宜生等求有莘美女獻紂者，文王妃家。**」

《尚書大傳》的說法最詳細：「**太公之羑里見文王。散宜生遂至犬戎氏，取美馬、駮身、朱鬣、雞目者；之西海之濱取白狐、青翰；之於氏取怪獸，尾倍其身，名曰虞；之有參氏，取美女；之江淮之浦，取大貝、如車渠，陳於紂庭，紂悅曰：『非子罪也，崇侯也。』遂遣西伯伐崇。**」

這裏說的「有參氏」，即是「有莘氏」。

然而，如果商朝真的是有莘氏，周人又怎會從商人的本族去找女人給商王？

《六韜》的說法比較合理，說這三美女是從到處尋找回來的：「紂囚文王羑里。散宜生受命而行宛、懷、條、塗之山。山有玉女三人，宜生得之，因費仲而獻之於紂，以免文王。」當然，沒有男女會嫌美女太多，既獻有莘氏美女，也獻其他地方的美女，更加合情合理。

此段的另一版本則是：「行宛、條、塗之山，有黃熊，得而獻於紂。」這吻合了前文講的「有熊九駟」。走了這麼多地方，既找到美女，又找到黃熊，也屬正常。

話說回來，明朝276年，朱家後代已有接近一百萬人。有莘氏在得天下前已是大族，統治四百多年，雖然當年的殺戮率與死亡率應遠高於明朝，但其總人數也不在少。再說，周氏族除了太任、太姒兩任元妃是有莘族人，周人也刻意經營了多年，商奸諸如微子、膠鬲等也不在少，周人有渠道找到有莘氏美女，而商王反而找不到，也不是不可能，皆因當時的女性不是貴族，就是私有財產，商王「御宇」不到眾貴族的家裏，反之，如果周氏族肯花重金，貴族願意把手頭上的女人出售，也非奇事。

還有，正如筆者作為香港人，特別喜歡香港女人，皆因同聲同氣，談得特別投契。想當然，商王娶的妻子大都是政治聯姻，不一定和他說相同語言，送給他有莘氏美女，他也會特別受落。

14. 周朝時辛國鼎文

周朝時，辛國仍然存在。現藏于吉林大學歷史系文物陳列室的西周早期青銅器「乃子克鼎」有銘文：「**矧辛白蔑乃子克歷，（胙）絲五十寽（鏘），用作父辛寶奠彝。辛白其并受厥永福鼎。**」

「辛叔皇父簋」的銘文曰：「**辛叔皇父作仲姬奠簋，子子孫孫其寶用。**」還有「辛仲姬皇母鼎」：「**辛仲姬皇母作奠鼎，其子子孫孫用享孝于宗老。**」這兩鼎的「仲姬」是同一人，不過前者是老公送給老婆，後者是兒子送給媽媽。

這兩銅鼎本是清宮舊藏，現藏蘇州博物館。

15. 辛有

《左傳 • 僖公二十二年》說：「**初，平王之東遷也，辛有適伊川，見被髮而祭於野者，曰：『不及百年，此其戎乎！其禮亡矣。』秋，秦、晉遷陸渾之戎于伊川。**」

用現代人的說法，「辛有」是「辛裔周國人」，晉朝杜預的注是：「辛有，周大夫。伊川，周地。伊，水也。被髮而祭，有象夷狄。」

辛有見到伊川的人像外族般披髮祭祀，預言不用一百年，此地便會淪為戎人的地方。「平王東遷」是在西元前738年，而果然，在前 638年，秦國和晉國合力把陸渾之戎驅趕到伊川，距辛有之言剛好 100年。

辛有的次子「董」去了晉國，分支為「董氏」，成為了史官。《左傳 • 昭公十五年》說：「**及辛有之二子董之晉，於是乎有董史。**」

《國語 • 晉語四》講述晉公子重耳從秦國返回晉國：「**董因迎公於河。**」三國時東吳的史家韋昭注：「**因，晉大夫，周太史辛有之後。**」

晉朝杜預寫的《春秋經傳集解 • 昭公十五年》說：「**辛有，周人也。其二子適晉為大史，籍黶與之共董督晉典，因為董氏，董狐其後。**」

這位「董狐」，就是文天祥《正氣歌》的「在齊太史簡，在晉董狐筆」的那個晉國史官。

他最有名的事蹟，是大夫趙盾的堂弟殺了國君夷皋，這時趙盾不在晉國，有「不在場證據」。由於趙盾回國後，不去為國君報仇，反而擁立夷皋的叔父黑臀為君。董狐認為趙盾是主謀，因而在史冊寫下：「趙盾弒其君夷皋。」孔子讚其「書法不隱」，是「古之良史」

這有莘氏，也即是高辛氏，在這之後，逐漸沉寂，誰知一千多年後，唐朝的君主李家附會自己是其後裔，居然敗部復活，世事真是無奇不有。

16. 地名

前面引過的《國語 • 鄭語》說：「**若克二邑，鄔、弊、補、舟、衣、柔、歷、莘，君之土也。**」證明這個「莘」，是在鄭國，也即是今日河南省新鄭市的附近。商丘市和新鄭市距離二百公里。有莘氏可能有一支遷徙到了此地。

《史記 • 鄭世家》說鄭桓公果然得到了包括「莘」在內的 10個地方：「**東徙其民雒東，而虢、鄶果獻十邑。**」

17. 先侯

有人說，甲骨文卜辭的「先」即「莘」，「先侯」即「莘侯」。

例如說：「壬戌卜，爭貞，氣令曼田于先侯。十月。」這「爭」字是卜人的名字，「曼」則是另一個氏族的名稱。「田」即是耕田、開墾的意思，是動詞。全句意即「命令曼族開墾先侯的田地」。

問題在於，這個「先」和商朝是仇家，不時被商人攻打。例如說：「己卯卜，王貞，余乎弜敦先，余貞弜。」「貞，弜災先。」「辛未，王令弜伐先，咸。」「丙戌卜，弜师在先，不水。」「乙巳卜，丁未弜不其入不。」

「王」是「商的君主」，「余」是其自稱，「弜」是商的附庸氏族。「弜」，國族名。王國維《觀堂集林 • 卷六》

說：「弜者，柲之本字。甚是。『柲』，當讀如邲。」

「敦」、「災」、「伐」都是不同形的攻打，「咸」即「全部」，意即「全殲」了。

「不水」是某河流的名字，《水經注 •渠水》說：「渠水又東，不家溝水注之，水出京縣，東南梅山北溪。」這「梅山」即今日河南省鄭州市的西南方。

商朝和先侯是多年世仇，但商朝又是高辛氏/ 有莘氏。這只能有三個可能：一，「先侯」並非「莘侯」。二，有莘氏/ 商朝內也有不同的分支，例如十天干，其中有幾支不和，必欲把對方置諸死地，歷史多有，不足為奇。三，本書關於有莘氏/ 商的推論是錯，但由於證據太多，而且環環相扣、絲絲入扣，錯的機會率微乎其微。

禘

1. 五帝

中國歷史上向有「三皇五帝」的說法，《百度百科》的說法是：「中國上古時期的五位最具影響力的部落或部落聯盟首領。」

根據不同的典籍，「五帝」是不同的人物。《史記》、《白虎通義》、《大戴禮記》、《春秋繁露》的說法是：「**黃帝、顓頊、嚳、堯、舜**」，《尚書 • 序》和《世本》的說法是：「**少昊、顓頊、嚳、堯、舜**」，《孔子家語》的說法是：「**太皞、炎帝、黃帝、少皞、顓頊。**」

2. 禘

《百度百科》對「禘」字的解釋是：「意為“原初的”、“根本的”。“示”指“祖先序列”。“示”與“帝”聯合起來表示“祭祀鼻祖”。」

《說文解字》對於此字的說法是：**「禘，祭也。」**《爾雅 • 釋天》說：「禘，**大祭也。**」《禮記 • 王制》說：「**天子、諸侯宗廟之祭：春曰『礿』，夏曰『禘』，秋曰『嘗』，冬曰『烝』。天子祭天地，諸侯祭社稷，大夫祭五祀。**」

《說苑 • 脩文》說：「**三歲一祫，五年一禘。**」

由此可知，「禘」是祭祀遠古先人的儀式，而它所祭祀的對象，是比「祖」和「宗」更早、更遠的先人。這也是最重要的祭典。

《春秋外傳》曰：「**禘、郊、祖、宗、報，五者，國之典祀也。**」換言之，這是五種不同的祭祀儀式，其中以「禘」的級別最高，以「報」的級別最低。

3. 郊祀

《百度百科》對於「郊祀」的解說是：「祭天是中國古代君王舉行祭祀的重要組成部分，在一年中某些重要的時日，君王帶領三公九卿等諸大臣依據禮法於國都郊外祭祀上天，感恩上蒼，為百姓和國家祈福的一種祭祀活動。」

《漢書 • 郊祀志》說：「**自共工氏霸九州，其子曰『句龍』，能平水土，死為社祠。有烈山氏王天下，其子曰『柱』，能殖百穀，死為稷祠。故郊祀社稷，所從來尚矣。**」

禘和後面講的祖、宗都是祭祀者的先人，而「郊祀」則是與統治家族無關的偉大神祇。

4. 例子

《禮記 • 祭法》說：「**有虞氏禘黃帝而郊嚳，祖顓頊而宗堯。夏后氏亦禘黃帝而郊鯀，祖顓頊而宗禹。殷人禘嚳而郊冥，祖契而宗湯。周人禘嚳而郊稷，祖文王而宗武王。**」

《論衡 • 祭意》：「**有虞氏禘黃帝而郊嚳，祖顓頊而宗**

堯；夏后氏亦禘黃帝而郊鯀，祖顓頊而宗禹；殷人禘嚳而郊冥，祖契而宗湯；周人禘嚳而郊稷，祖文王而宗武王。」

《國語 • 魯語上》：「**故有虞氏禘黃帝而祖顓頊，郊堯而宗舜；夏后氏禘黃帝而祖顓頊，郊鯀而宗禹；商人禘舜而祖契，郊冥而宗湯；周人禘嚳而郊稷，祖文王而宗武王。**」

《太平御覽 • 郊丘》：「**有虞氏禘黃帝而郊嚳，祖顓頊而宗堯；夏后氏亦禘黃帝而郊鯀，祖顓頊而宗禹；殷人禘嚳而郊冥，祖契而宗湯；周人亦禘嚳而郊契，祖文王而宗武王。**」

5. 禘、郊、祖、宗

從上文的例子我們可以看出：禘、郊、祖、宗分別是祭祀不同級數的先人，這其中以「禘」最為遠古、也最「高級」。

東漢應劭寫的《風俗通義 • 祀典》引《春秋國語》說：「**凡禘、郊、祖、宗、報，此五者、國之典禮。加之以社稷山川，皆有功烈於民者也；及前哲令德之人，為質者也；及天之三辰，所昭仰也；地之，所生殖也；九州名山川澤，所出財用也。族也，不在祀典。**」

《孔子家語 • 廟制》說：「**凡四代帝王之所謂『郊』者，皆以配天；其所謂『禘』者，皆五年大祭之所及也。應為太祖者，則其廟不毀；不及太祖，雖在禘郊，其廟則毀矣。古者，祖有功而宗有德，諸見祖宗者，其廟皆不毀。**」

簡單點說，在以前，禘、郊、祖、宗都是有廟的，君主到廟去作出祭祀。可是漢朝的劉邦是平民出身，其先祖並沒有「功烈於民」和「前哲令德」，因此沒有資格去「禘」，而「郊」則只用來祭天祭地，因此在太廟內供奉的，只剩下了「祖」和「宗」。

6. 禮崩樂壞

《左傳 • 閔公二年》說：「**夏，五月，乙酉禘於莊公。**」魯莊公是魯閔公的父親。一來，「禘」的地位崇高，並非供父親所用。二來，魯國是諸侯，可拜祖、宗，而不可禘、郊。

換言之，他最多只可以祭祀周公旦和伯禽，但卻不可祭祀帝嚳和后稷。雖然魯閔公並沒有祭祀帝嚳和后稷，可是卻用了「禘」的祭典儀式去祭祀其父親。

《論語 • 八佾》中，孔子說：「**禘自既灌而往者，吾不欲觀之矣。**」要知道，魯國國君作為諸侯，本來不可以行「禘」祭，可是他不但做了，而且程式也不符合，因此，孔子在看完了第一道的儀式「灌」，即是撒酒後，已大嘆「吾不欲觀之」了。

7. 禘與帝

《說文解字》說：「**帝，諦也。王天下之號也。**」

在夏朝時，君主生前叫「后」，死後才能叫作「帝」。在商朝，君主生前叫「王」，死後叫「帝」。這證明了，「帝」是死後才用的專用名詞，因而推理出是和祭祀有關。

然而，不是每個死去的「帝」都能立廟被「禘」，只有是德望最高的遠古君主，死後才會被「禘」，例如黃帝、顓頊、嚳。因此，《易緯》說：「**帝者，天號也。德配天地，不私公位，稱之曰帝。天子者，繼天治物，改政一統，各得其宜。父天母地以養人，至尊之號也。大君者，君人之盛也。**」

《尚書緯》也說：「**帝者，天號；王者，人稱。天有五帝以立名，人有三王以正度。天子，爵稱也。皇者，煌煌也。**」

簡單點說，「帝」字來自「禘」，而只有有成就的君主，才能叫「帝」，及被「禘」。另一方面，不同的氏族有不同的「禘」的對象，因此誰是「五帝」也有不同的版本，也不足為奇。

又，後世的「三恪二王」，其概念也許來自「五帝」，只是從建廟拜祭，換作了供養其後人。皆因後世的君主都是平民出生，沒有遠古的祖先可供「禘」。「二王」好比「祖」、「宗」，比較接近當世，「三恪」則是對遠古君主的供奉。

媵婚

1. 帶著你的妹妹

「妻姊妹婚」，或「妻姐妹婚」的英文是「sororate marriage」，根據《維基百科》：「是指男子同時以兩個或多個姊妹為配偶，或者在妻子去世後續娶其姊妹的行為或習俗。此在一夫多妻制社會中經常出現。」

這應該是頗為常見的婚俗，王洛賓改編自維吾爾民歌的《達阪城的姑娘》，又叫作《馬車夫之歌》的歌詞說：「達阪城的石路硬又平啊/ 西瓜大又甜呀娘/ 達阪城的姑娘辮子長啊/ 兩個眼睛真漂亮/ 你要是嫁人/ 不要嫁給別人/ 一定要嫁給我/ 帶著百萬錢財/ 領著你的妹妹/ 趕著那馬車來」。

為甚麼要「領著你的妹妹」？皆因這正是當地「姐妹婚」的習俗，被記了下來。

在本文，主要講的是君主同時娶姐妹為妻/ 妃，不講平民百姓，也不會講到「妻子去世後續娶其姊妹」，例如已故香港富豪邱德根，便在妻子裘錦秋死後，娶了其妹妹裘錦蘭。

女姓在丈夫死後，嫁給其兄弟的，稱為「夫兄弟婚」，英文是「levirate marriage」，例如古代猶太人的「yibbum」，和今日中國雲南省怒江的獨龍族，又或者是兒子娶父親的遺孀，英文是「widow inheritance」，例如古匈奴人的「妻後母」等等，俱不在本文討論之列。

2. 媵婚

中文有一個「媵」字，《說文解字》的「媵」條釋為：「**送也。**」

《楚辭 • 天問》有一句：「**夫何惡之，媵有莘之婦。**」傳說中，伊尹是有莘氏的奴隸，商朝開國君主湯知他的能力很強，向之索要，有莘氏拒絕了。於是，湯向有莘氏的女兒提親，其首領便把伊尹作為陪嫁的奴隸，送給了湯。在此，「媵」解作「陪嫁的人」。

《儀禮 • 士昏禮》鄭玄注：「**古者制嫁女必以侄、娣從，謂之『媵』。**」即是解作「隨嫁贈送的女人」，反而是更常見的「媵」字的用法。

這叫做「媵婚」，即女子出嫁，連妹妹，或是侄女，也一併嫁給丈夫，在當時應是很流行的作法，《爾雅 • 釋親》更講明了：「**女子同出，謂先生為『姒』，後生為『娣』。**」郭璞注：「**『同出』謂俱嫁事一夫。**」

這是從古已有的傳統，最有名的當然是大舜的娥皇和女英，另一對上古時代有名的姐妹婚，就是嫁給夏朝君主少康的「二姚」。

二姚是有虞氏的女兒，《左傳 • 哀公元年》說少康：「**逃奔有虞，為之庖正，以除其害。虞思於是妻以二姚。**」杜預的注是：「**思，有虞君也。虞思自以二女妻少康。**」《楚辭•離騷》說：「**及少康之未家兮，留有虞之二姚。**」

事實上，從古以來，就是到了清朝，貴族權貴女性的出嫁，向來有陪嫁的侍女、丫環，只是「媵婚」是制度化了，規定了陪嫁的人選，以及人數，要知道，周朝的禮法是很嚴謹。《維基百科》的說法是：

周王室和貴族女子出嫁為正室時，需要娣或姪女陪嫁，稱為媵，媵會成為側室，為明媒正「娶」的一部分，地位比「納」、「嬖」的妾高（先秦時期的「妾」為婢妾之意，非配偶）。所生之子視為嫡子，是嫡長繼承制「立嫡以長不以賢，立子以貴不以長」的一部分，媵的出身是等同於妻，故所生之子地位高於庶子。在正妻無子，媵之子就是法定繼承人。現代對媵器銘文研究的文章指，西周時期的媵主要是女子的娣、侄女和侍從之類。春秋時期的媵器，除「一器銘一女之媵器，還有一定數量的一器兼銘主嫁國和來媵國之女的媵器」。

到了春秋時期，這制度已沒嚴格執行，因此，《穀梁傳•莊公十九年》認為這是小事：「**秋，公子結媵陳人之婦於鄄，遂及齊侯，宋公盟。**媵，**淺事也，不志。此其志何也？辟要盟也。何以見其辟要盟也？**媵，**禮之輕者也。**」

「志」即是「記錄」，作者穀梁赤認為，魯國的公子結陪同當媵的魯國女人出嫁到「鄄」，即是今日的山東省菏澤市鄄城縣，當時屬於衛國，君主是衛宣公。女人當媵，小事，不值得記錄，要記錄的是公子結和齊國、宋國商討了結盟之事。

二十世紀學者楊伯峻對此事的注釋是：「公子結，魯大夫。鄄音「絹」，衛地，詳莊十四年《經注》。古代，諸侯娶于一國，二國以庶出之女陪嫁，曰『媵』。此當是衛國之女嫁與陳宣公為夫人，魯國以女陪嫁，使公子結往送女，本應送至衛國都城，使與陳侯夫人同行，但公子結送之鄄，聞齊侯、宋公有會，遂臨時變更計畫，使他人往送女，己則代表魯國參與盟會。」

這裏順帶記下楊伯峻反駁前人的説法：「陳侯夫人稱『陳人之婦』者，以尚未嫁人陳國，猶不成為夫人。説參杜《注》、孔《疏》及毛奇齡《春秋傳》。至劉敞《春秋權衡》、胡安國《春秋傳》謂「陳人」為「陳大夫」，此是陳大夫娶婦。程頤則為鄄之巨室嫁女于陳人，公子結以己之庶女媵之，因與齊、宋盟，遂挈之以往（據《春秋傳説彙纂》），皆主觀曲説。」

3. 青銅器資料

青銅器是商周時期最高級的禮器，當事人會為這段婚姻鑄造青銅器，主要是女方父親，也有親人送作賀禮，並會鑄字以作記念。根據作者所知，暫時刻有媵的相關資料的青銅器一共有 25個，為我們帶來了大量相關信息。

25個當中，15個是女方父親所造，兩個是由父母合名，三個是夫家所造， 其餘叔父、侄子各佔一，最有趣的是「黃君作季嬴簋蓋」，銘文是：「**黃君作季嬴□媵簋，用賜眉壽，**

黃耇萬年，子子孫孫永寶用享。」

黃國是東夷人，姓「嬴」，季嬴是當媵，居然自己製銅簋來作陪嫁，也算是出手闊綽了。

4. 為甚麼會有「媵」的制度？

《公羊傳・莊公十九年》記載同一事件：「**媵者何？諸侯娶一國而二國往媵之，以侄、娣從；侄者何？兄之子也；娣者何？弟也。諸侯一聘九女，諸侯不再娶。媵不書，此何以書？為其有遂事書。大夫無遂事，此其言遂何？聘禮，大夫受命不受辭，出竟有可以安社稷利國家者，則專之可也。**」

「娣」是「妹妹」，「侄」則是再低一輩分，「哥哥的女兒」。原因很簡單，女人不一定有妹妹，哥哥的女兒也就是替代品了。媵的地位比妻為低，她們多半是庶出之女，這也是為庶女的婚嫁找出路的招數。

上文也說了，當時的諸侯娶妻，一娶便是九個，其後便不會再娶了。要知道，古代產婦的死亡率很高，有說是 5% 至 15%，有說高達 30%，這統計指的應該是第一胎，最危險，第二胎的死亡率急速下降。以諸侯之尊，當然要有後備，然而古代交通不便，搞一場婚姻，從挑人、繁文縟節、到敦倫生子，說不好要搞上兩三年，一次性把這問題解決，才是精明之道。

貴族的婚姻，牽涉的都是政治利益，變數越少越好。「媵婚」就是嚴謹的承繼制度，把所有的順位都一次性解決了。不消說，順位、次選的，必然是正妻的親人，順理成章就是妹妹、侄女，這是對正妻，以至於整個女家最有利的安排。

一個國君不容易生出九個女兒，往往要找其他同姓國家去「幫忙」。此外，由於古時女人生育的死亡率很高，一旦嫁過去的公主死了，還可以保證由同一家族的妹妹補上，以免失去了正妻的大位，以及作為太子母親的地位。此外，這也杜絕了男家另娶別國女人，以作聯姻聯盟的機會。

西元前 542年 6月，魯襄公去世，繼位的自然是他的正妻「敬歸」所生的大兒子「野」。可惜野即位不久，在 9月，也去世了。按照順位由敬歸之娣，即「齊歸」之子，裯去繼位。

「歸」姓姐妹估計來自胡國，此國位於今日的安徽省壽陽市，被楚國亡於西元前 495年。

當時的大夫是有名的叔孫豹，也即是那句聞名後世的「三不朽」的發明人。《左傳 • 襄公二十四年》記載：「**豹聞之，大上有立德，其次有立功，其次有立言，雖久不廢，此之謂不朽。若夫保姓受氏，以守宗祊，世不絕祀，無國無之，祿之大者，不可謂不朽。**」

叔孫豹認為，太子死了，如果正妻有次子，應由次子繼承，如沒有，則應由年紀最大的兄弟去當。如果年紀相同，則挑品行高尚，品行相同，則用占卜，媵之子不應有優先權，《左傳 • 襄公三十一年》的原文是：「**大子死，有母弟則立之，無則長立。年鈞擇賢，義鈞則卜，古之道也。非適嗣，何必娣之子？**」

然而，最終的結果始終是由齊歸的兒子裯為當上了國君。這證明了，媵的兒子的確有第二順位的地位。

5.（至少）二媵規則

《公羊傳 • 莊公十九年》說出了「媵」的規則是：「**諸侯娶一國而二國往媵之**」，即是諸侯大婚時，會有兩國的媵來陪嫁。

唐朝經學家賈公彥的疏說得很妙：「**諸侯夫人自有侄、娣，並二媵。各有侄娣，則九女是媵，與侄、娣別也。若大夫、士無二媵，即以侄、娣為媵。**」

這是說，如果加入當媵的別國女人，和主嫁的女子有著近親關係，如堂、表等，則算是媵，即是第一、第二順位，順位高於其他的妃子。但如果並非近親，則同嫁出去的九個都是媵，地位相同。換言之，正妻的地位最高，其次是媵，再其次才輪到其他的妃子。

這說法好像有點數學錯誤：「諸侯一聘九女」，最多只是一妻八媵，不會是「九女是媵」。不過古代文人數學並不佳，算了，

有趣的是他說，因為士大夫的地位不高，不一定有其他家族的女人願當其出嫁女的媵，因可以用侄女和妹妹當媵。不過，國君或太子娶士大夫的女兒的機會率並不高，門當戶對，當然是娶其他國君的女兒優先。

6. 媵婚制主要是姬家

《史記 • 周本紀》說在周人翦商兩年之前：「**是時，諸侯不期而會盟津者八百諸侯。**」殺掉帝辛之後，估計也有一些商國支持者最終歸順了周朝。從這作基礎計算，在周朝初

期，大約有一千國左右，不過，究竟有幾多同姓國呢？

例如說，宋國是商朝後裔，陳國是虞朝/ 大舜的後裔，也不算是小國，但就已知的周朝國家，只有這兩國分別姓「子」和「嬀」。它們最少要有三個女兒，方可湊足「一妻二媵」。雖然，可用兄長的女兒來作湊數，數量也嚴重不足，況且還要以「三」來作一單位，否則就有嫁不出去的餘數。

這制度之下，最有利的，當然是「姬」這國姓。周朝立國後，《荀子 • 儒效》說：「**兼制天下，立七十一國，姬姓獨居五十三人。**」在53個姬姓國當中，15個是周武王的兄弟，有足夠的閨女，去作陪嫁的媵。現時看到的媵婚資料，符合妻媵同姓的資格的，女主角全都是「姬」姓諸侯。

我認為，這是周朝和諸侯和婚的陰謀，甚至是陽謀，好讓所有國家都有「姬」姓王族的血統，也由「姬」姓母親去教育未來的國君，從小培養子女接受周朝的禮儀。幾代下來，等於是同化了所有諸侯。這是非常高明的政治手段。

7. 二媵非同姓

春秋時代，由於王綱不振，諸侯紛紛吞併鄰國，例如說，《韓非子 • 有度》說：「**荊莊王並國二十六，開地三千里，莊王之氓社稷也，而荊以亡。齊桓公並國三十，啟地三千里，桓公之氓社稷也，而齊以亡。《韓非子 • 難二》：「昔者吾先君獻公並國十七，服國三十八，戰十有二勝，是民之用也。**」

國家的數目越少，姓也越少，能夠陪嫁的媵也會減少，這是簡單的數學。因此，越是到後來，不同姓的媵，反而應該是主流。

1979年出土的傳世的《許子妝簠蓋銘》，約鑄造於東周時期，其銘文曰：「**隹正月初吉丁亥，許子妝擇其吉金，用鑄其簠，用媵孟姜、秦嬴。**」

這些文字說明了，「姜」姓的許國嫁女，由其妹妹，與秦國的女兒分別當媵。

西周年代，河南信陽出土的「樊君鬲」的銘文曰：「**樊君作叔嬴、嬭媵器寶鬲。**」

樊國一共有兩個，一個姓「姬」，另一個姓「嬴」，考古學家認為，這個應該是姓「嬴」的那個。這樊家的新娘子也有兩個媵，一個也是姓「嬴」，多半是其妹妹或侄女，另一個則姓「嬭」，等同於「羋」，是楚國的國姓。

8. 不超過一妻二媵六妾

《左傳 • 僖公十七年》說齊桓公「**夫人三，王姬，徐嬴，蔡姬，皆無子。**」

齊桓公有三位夫人，從這安排來看，應是「一妻二媵」。「王姬」就是周天子的女兒，蔡國也姓「姬」，但徐國卻是姓「嬴」，正因有此異常，《左傳》才會標明說是「徐嬴」，不叫「徐姬」。照說，以姬姓國人數之多，不可能沒有同姓的妹妹或侄女陪嫁，無論是何原因，娶了徐嬴當媵，肯定是「非禮也」！

《左傳 • 僖公十七年》繼續說：「**齊侯好內，多內寵，**

內嬖如夫人者六人，長衛姬生武孟，少衛姬生惠公，鄭姬生孝公，葛嬴生昭公，密姬生懿公，宋華子生公子雍，公與管仲屬孝公於宋襄公，以為大子，雍巫有寵於衛共姬，因寺人貂以薦羞於公，亦有寵，公許之，立武孟，管仲卒，五公子皆求立。」

這六個「如夫人」，應是「諸侯一聘九女」的切實執行。

尊重周禮王室，力量強大的齊桓公，也只能做到「一娶九女」，甚至娶了周室女兒，卻無法做到「娶一國而二國往媵之」，可知當時這制度之崩壞。

縱然如此，諸侯也從來沒有娶超過三位夫人，即超過一妻二媵，例如說，《莊子 • 則陽》說衛靈公夫妻四人一起洗澡：「**夫靈公有妻三人，同濫而浴。史鰌奉御而進所，搏幣而扶翼。其慢若彼之甚也，見賢人若此其肅也，是其所以為靈公也。**」

另一個案，《史記 • 鄭世家》：「**初，鄭文公有三夫人。**」這其中兩位在史上留下記錄，見於《左傳 • 僖公二十二年》：「**丙子晨，鄭文夫人芈氏、姜氏勞楚子於柯澤。**」注意：這兩位夫人也不同姓。

9. 媵妾制

《百度百科》的相關條文稱為「媵妾婚」。「妾」本意是「女奴」，《說文解字》的解釋是「**有罪女子，給事之得接於君者，從辛女。辛者，有罪之女也。**」不過，春秋時代的奴隸制度並沒有商朝時執行得那麼嚴格，因此妾的地位也比在商朝時高得多。《百度百科》的說法是：

周代，諸侯娶一國之女為夫人，女方須以侄（兄弟之女）娣（妹妹）隨嫁，同時還須從另兩個與女方同姓之國各請一位女子陪嫁，亦各以侄、娣相從，一共九人，只有夫人處於正妻地位，其餘都屬於貴妾。媵，相送，引申指陪嫁。諸侯和正妻如亡故或被休徑，不可再娶，應由眾妾中依次遞補，此種制度稱為媵妾或媵婚制度。天子媵嫁，與諸侯相似，唯媵嫁數目更多，連正妻共十二人。這一制度，體現了周人對嫡庶的嚴格區分，但同時也是對多妻的現像的承認，使其明確化和合理化。隨着周王室權威的下降，戰國時代有的諸侯行天子之制，一娶十二女，表示對周天子的蔑視，但仍被視作"僭越"的行為。至後來，有的甚至娶得更多，或一娶再娶，至此，媵妾制即走向沒落。

以上說法並不完全正確：媵是名正言順的第一、二順位，「妾」的卻並沒有合乎禮法的法律地位，所以地位低於前者。

總之，至少到了我們有比較詳細記錄的春秋時代，完全符合定義的媵婚縱有存在，也是罕如鳳毛麟角。

10. 魯莊公的妻、媵、妾

雖然史書只是在有事件因此發生時，才會記錄媵的陪嫁，但是國君女兒出嫁，本國還是會有記錄的。現在我們唯流傳來的編年記錄，就是魯國的《春秋》，因此我們對魯國的歷史也知道得比較多。

廣西師範大學教授劉興均的《「姪從媵」考》統計了《左

傳》記載的「娣從媵」及「姪從媵」的數目：「**《左傳》所記娣從媵四十見，可見妹從姊嫁在當時仍十分普遍，而姪從媵僅三見，且只發生在魯、齊二國。**」

魯莊公，他的正妻是齊國的哀姜，叔姜是哀姜的媵，她們正是兩姐妹。哀姜沒生出兒子，因此他追求大夫黨氏的長女孟任，《左傳 • 莊公三十二年》說：「**初，公築台，臨黨氏，見孟任，從之。閟，而以夫人言，許之。割臂盟公，生子般焉。**」

般是長子，後來叔姜生下了啟，但是魯莊公應該是「割臂發誓」答應了孟任，在當了32年國君後，死時把位子傳給了般。可惜人算不如天算，莊公的弟弟慶父和哀姜私通，殺掉了般，立啟為國君，是為「閔公」。兩年後，慶父又殺了閔公。

魯莊公還有一個妾，叫「成風」，生下了申。申在政治鬥爭中取得最後勝利，登位為僖公。齊國正值桓公盛世，覺得哀姜令到國家太沒面子，設法把她殺死，屍體送回魯國。

所以，當妻和媵都無所出時，妾就有很大的活動空間。當然了，君主也可操作：只要自己不和妻、媵敦倫，則她們根本不可能生出孩子。

11. 公子不用娶媵

媵的作用，是作為後備，如果不是國君，甚至連太子也不是，只是庶出的公子，那就得乖乖娶妻，沒有娶媵的資格。

西元前 541年，《左傳 • 昭公元年》說：「**春，楚公子圍聘于鄭，且娶於公孫段氏。**」楚國的公子圍是楚共王的次子，楚康王的弟弟，現任楚王熊縻的二叔，現在楚國當令尹，手握軍政大權。公孫段則是鄭穆公的孫兒，在鄭國當卿。鄭國當時由子產當政，也算是強國。這段婚姻正好匹配。

子圍本要再去鄭國，還未離開國境，得知熊縻病了。他向有篡位的野心，十一月時，回到王宮，縊殺了熊縻，並殺掉了其兩個兒子，另兩子則逃掉了。子圍當上了國王，是為「楚靈王」。

當上了楚王，必須另娶後備，而且還要是諸侯之女，方才匹配身分。於是，他在登位五年後，娶了晉平公的女兒，但究竟是媵還是另一個正妻，就不得而知了。楚靈王最有名的故事是，他和本書作者一樣，喜歡纖瘦的女人，《韓非子 • 二柄》說：「**楚靈王好細腰，而國中多餓人。**」漢朝因而有一名詩：「**吳王好劍客，百姓多瘡瘢。楚王好細腰，宮中多餓死。**」

西元前 529年，楚靈王的弟弟子干發動政變，靈王自縊而死，子干即位，是為「楚平王」。

子干在當上國王之前 6年，已娶了夫人，不過當時的他並沒資格娶國君之女。《左傳 • 昭公十九年》說：「**楚子之在蔡也，郹陽封人之女奔之，生太子建。**」

結果，他成功娶了一個國君的女兒，不過其過程卻離奇得有如一部肥皂劇。

西元前 626年，他當了三年國王，派太子的助理老師，即太子少傅費無忌去秦國求親。費無忌把秦哀公的女兒伯嬴帶回楚國，居然遊說對楚平王，說伯嬴美如天仙，不如自用。

於是，楚平王娶了伯嬴，生下兒子，名叫「軫」。

太子建所娶的，是伯嬴媵侍中的一名齊女。注意，這位媵並非「嬴」姓，是「齊女」，只是侍女。證明媵是妹妹或侄女這規則，已沒嚴格遵守。

這樣一來，費無忌得罪了太子建，一不做，二不休，發動政治鬥爭，陷害對方，使其出走到鄭國。至於太子建的正牌老師，太子太傅伍奢，則被楚平王殺死。

戲劇性的是，伍奢的兒子伍子胥，逃到了吳國，受吳王闔閭重用，西元前 506年，吳軍攻進楚國首都。這時楚平王已死，軫已登位為「楚昭王」。

《史記 • 伍子胥列傳》講出了這段膾炙人口的故事：「**及吳兵入郢，伍子胥求昭王，既不得，乃掘楚平王墓，出其屍，鞭之三百，然後已。**」

至於伯嬴，根據漢朝史家劉向的《列女傳》，說吳王闔閭盡妻其後宮，當輪到伯嬴時，伯嬴持刃死守，「**吳王慚，遂退舍。伯嬴與其保阿閉永巷之門，皆不釋兵。**」

劉向的評語是：「**闔閭勝楚，入厥宮室，盡妻後宮，莫不戰慄，伯嬴自守，堅固專一，君子美之，以為有節。**」

12. 紀伯姬、叔姬

西元前 721年，《春秋 • 隱公二年》記：「**九月，紀裂繻來逆女。**」

紀國，又叫「己國」，國君姓「姜」，位於今日山東半島萊州灣的西南岸的壽光市。由於當時另有一個己國，是大禹/ 夏朝的後裔，為了區別，把這叫作「紀國」。在周朝初年，它曾經十分強大，和齊國是世仇，這時卻已淪為弱國，企圖和魯國結盟，共抗齊國。

「逆女」就是來迎親，《公羊傳》的補充是：「**紀履綸者何？紀大夫也。何以不稱使？婚禮不稱主人。**」紀履綸是紀國的官員，因這是提婚，不是外交行為，因此不算是使節 / 外交官，按照禮法，得直呼其名。

同年十月，她嫁給了紀厲侯，「伯姬歸於紀。」

根據《公羊傳》的解讀：「伯姬者何？內女也。」「內女」即是是宗室的女性，與君主同姓。她是前任國君魯惠公的女兒，當朝國君魯隱公的妹妹。

五年後，「隱公七年，春王三月，叔姬歸於己。」東漢大學問家何休對《公羊傳》此條的注是：「叔姬者，伯姬之媵也。」按照規矩，紀伯姬除了叔姬之外，可能還有另一個媵，但歷史沒有記錄。

紀厲侯在西元前708年死掉，紀哀侯繼位。西元前691年，國家內亂，紀叔姬回到了娘家魯國。明年，齊國攻破紀國都城，紀哀侯逃亡，由紀威侯接任，從此成為齊的附庸國。同年，紀伯姬死了，負責安葬她的，是齊襄公。

至於作為媵的妹妹紀叔姬，則在八年後回到紀國，死於西元前 665年。

歷史學家認為，紀國是小國，伯姬、叔姬只是小故事，惜字如金的《春秋》之所以記錄，只因這兩姐妹的命運太慘，因而特別記之。

13. 宋共姬

最有名的媵的例子，就是《左傳 • 成公八年》的記載：**「春，宋公使華元來聘。夏，宋公使公孫壽來納幣。」**

「來聘」即是「提親」，等於是今日的「求婚」，在「六禮」中叫「納采」。對方答應後，便是「問名」，除了女方名字，還有時辰八字。這些資訊用來占卜，是為「納吉」，看看配不配合。如果是君王結婚，這占卜就要在祖廟進行。

在「納吉」之後，男家就要下聘書，也就是上文講的「華元來聘」，亦即是「三書」的第一書。

公孫壽的「納幣」，即是「送聘禮」，也即是「過文定」。這時會附上「禮書」，即是聘禮的清單。

此之後，可以定婚期，稱為「請期」。定下日子，便是「親迎」，即是新郎親自到女家迎娶，這時要把「迎書」交給女方的家長。不過，如果男方是國君，那就不會走出國境，女方只能自到婚禮現場。

宋國君主共公聘娶的伯姬，即是魯國前任君主宣公的長女，現任君主成公的姐姐或妹妹。後世稱她為「宋共姬」。

衛國得聞信息，要求參與，《左傳 • 成公八年》繼續記載：**「衛人來媵，共姬，禮也。凡諸侯嫁女，同姓媵之，異姓則否。」**這記載又告訴我們一條規則，就是必須同姓女子方可當媵。換言之，堂或姑表可以，姨表就沒資格了。現代人心想，不排除找宮女冒充呀！例如後世的漢朝嫁給匈奴單于的王昭君，就是宮女裝成公主。不過春秋時代，禮法森嚴，各國信息流通，應不可能冒充。

明年，即是西元前582年，二月，伯姬已去到宋國，未知是即時成親，抑或要在當地等待籌備婚禮。《左傳 • 成公九年》說晉國也要求加入：「**夏，季孫行父如宋致女，晉人來媵。**」

魯國、衛國、晉國都是姓「姬」，很容易湊足了一妻二媵。

要知道，宋國是前朝的直接繼承者，品位是「二王三恪」。黃帝後裔的祝國，帝堯後裔的薊國，是為「二王」。虞舜後裔的陳國，夏朝後裔的杞國，以及傳承商朝的宋國，則是「三恪」，是貴族當中最尊貴的，有著強大的軟力量，因此諸侯都很樂意與它結為姻親。

至於魯國，是周公旦之子伯禽的封國。誰都知道，周公旦平定了「三監之亂」，保住了周成王世系的王位，居功至偉。周公旦又是周朝禮法的總設計師，《禮記 • 明堂位》說：「**凡四代之器、服、官，魯兼用之。是故，魯，王禮也，天下傳之久矣。**」此所以，魯國雖然不是強國、大國，但是逼格很高，其他諸侯也很樂意把女人當其陪嫁的媵。

媵是陪嫁，決定權在嫁女者，即是魯國的手上，宋國無權話事，所以衛國和晉國和魯國商量。魯國的正卿，即是宰相兼總司令季孫行父來宋國會見伯姬，也許是主持婚禮。《左傳》在此寫下「晉人來媵」，很可能是把晉國的待嫁媵也一併帶送過來宋國完婚。

這故事的重點是：又明年，《左傳 • 成公十年》記載：「**齊人來媵。**」

齊國是當時的第一大國，還在魯國的旁邊，必須給面子。

然而，齊國姓「姜」，與魯國不同姓。因此，楊伯峻評說：「**八年、九年衛、晉先後來媵，《傳》皆云『禮也』。《傳》又云：『異姓不媵』，則意為齊人來媵，不合於禮。**」

雖然姜姓的齊國派女來當媵這事件不合禮法，但齊國明顯是大石壓死蟹。在先前衛、晉兩宗請求當媵，《左傳》有「禮也」的好評。但就齊侯的請求，沒這兩個字，即暗示不合禮法。

魯國究竟是否同意此事，歷史沒記載，但想來不可能被拒。皆因齊國對魯國政治有極大的影響力，好像今日美國之對英國。

齊國對魯國的影響力，可見諸上述事件的 33年後，即西元前 549年，《左傳・襄公二十三年》說：「**晉將嫁女于吳，齊侯使析歸父媵之，以藩載欒盈及其士，納諸曲沃。**」

「析歸父」是魯莊公的孫兒，魯國的正卿，齊莊公居然可以擺布他，要求他把女兒作為晉女的媵，陪嫁到吳國，乘機偷運晉國的政治通緝犯欒盈回到晉國的政治不穩地區，曲沃，企圖推翻晉平公政權，可說是無法無天。

有一個問題，就是吳國的開國君主吳太伯是周氏族古公亶父的長子，離開了家族，去了南方，建立吳國。古公亶父的小兒子季歷繼承氏族首領，季歷的長子名叫「昌」，就是周文王。換言之，吳太伯就是周文王的大伯父。

按照以上族譜，吳國應該和周室同姓「姬」。《魏書・高祖紀》說：「**夏殷不嫌一姓之婚，周制始絕同姓之娶。**」在周朝時，已是有了「同姓不婚」的規矩。

《國語・晉語四》說出了理由：「**同姓不婚，懼不殖**

也。」《左傳 • 僖公二十三年》的說法也差不多：「**男女同姓，其生不蕃。**」換言之，是怕近親交配致使後代有基因缺陷。

不過，歷史只記載了吳太伯和周氏族的遠古關係，可並沒說過吳國姓「姬」。我甚至懷疑，「姬」這個姓是周朝成立之後，才發明的。這又牽涉到另一個課題，有機會再說。

14. 高官貴族

娶貴族女的，不一定是貴族，也可以是高官。春秋時代的現實是，一些大國的高官，其權力含金量可能高過某些公侯。

《春秋》記：「**莊公二十七年，莒慶來逆叔姬。**」「叔姬」是魯莊公之女，因排第三，故名「叔」。「慶」是莒國的卿大夫，也許叔姬的地位不高，而慶的地位也不低，因此配成對了。但很明顯，他就無資格享用陪嫁的媵了。

15. 好色

在後世，姐妹同嫁一夫的情況也極普遍，例如漢成帝同時有趙飛燕與趙合德，漢昭武帝劉聰娶了靳準的兩女兒月華和月光，李後主同時擁有大周后與小周后、蜀漢後主劉禪娶了張飛的兩個女兒、曹操把三個女兒同嫁給漢獻帝，唐玄宗也同時姘有楊貴妃、韓國夫人、虢國夫人，光緒皇帝的妃子珍妃和瑾妃是姐妹……

不過，以上的應不是婚俗制度，只是為君主者好色而已。

本文原意一是講《馬車夫之歌》，另一則是講大舜的姐妹妻子，娥皇、女英，誰知為了解釋「媵」，居然寫了一萬字。

高禖

1. 句芒

《左傳 • 昭公二十九年》說：

少皞氏有四叔，曰「重」，曰「該」，曰「脩」，曰「熙」，實能金、木及水，使重為「句芒」，該為「蓐收」，脩及熙為「玄冥」，世不失職，遂濟窮桑，此其三祀也。

這個「重」，職位是「句芒」，《通典 • 職官一 • 歷代官制總序》說：「**春官，木正，曰『句芒』。正，官長也。取木生句曲而有芒角。其祀重也。**」

春官、木正，也即是「宗伯」，負責祭祀工作，也包括制定天文曆法。所謂的「圖法」，皆因中國文字是象形文字，每個人名都是一幅特定的圖，這個所謂的「取木生句曲而有芒角」，相信是「圖法」的文字表達。

這位句芒，到了後世，從人變成了神。

《呂氏春秋 • 孟春》說：「**其帝大白皋，其神句芒。**」東漢官員高誘注：「**太白皋，伏羲氏，以木德王天下之號，死祀於東方，為木德之帝。……句芒，少白皋氏之裔子曰『重』，佐木德之帝，死為木官之神。**」

《尚書大傳 • 洪範》也說太皋是「帝」，句芒是「神」：

「**東方之極，自碣石東至日出扶木之野，帝太白皋、神句芒司之。**」

我估計這個「神」字，即是「祭師」，是天神在人間的代表。「帝太白皋」即是「太昊氏」的君主，「太昊氏」是東夷的主要氏族，基地位於山東半島。「太昊氏」的年代可能還未有「帝」這名號，也許是漢朝寫的《尚書大傳》以當時的制度推度古代的制度，正如寫於明朝的《金瓶梅》的故事背景是宋朝，因此書中所述的官制都是明朝的。

根據高誘的說法，句芒除了是「太白皋」祭司，還是「少皞氏」的祭司。「少皞氏」也是根據地在山東半島的東夷，估計是太白皋/ 太昊氏的政治延續，好比宋朝之於唐朝的關係。

《左傳 •昭公十七年》說了少皞氏用不同的「鳥」來作官名：「**我高祖少皞，摯之立也，鳳鳥適至，故紀於鳥，為鳥師而鳥名。**」

《墨子 •明鬼下》說：

昔者鄭穆公，當晝日中處乎廟，有神入門而左，鳥身，素服三絕，面狀方正。鄭穆公……曰：「敢問神名？」

曰：「予為句芒。」

這句話的真義，應是鄭穆公到了神廟，見到穿著羽毛衣服的祭司，名叫「句芒」。

《山海經 •海外東經》說：「**東方句芒，鳥身人面，乘兩龍。**」郭璞注：「**木神也，方面素服。**」

在五行方位中，東方屬木，南方屬火，西方屬金，北方屬水，中屬土。句芒既然是「木正」，自然也屬於東方。

戰國的《隨巢子》也說：「**昔三苗大亂，天命殛之，夏后受命于元宮。有大神人面鳥身，降而福之。司祿益食而民不饑，司金益富而國家安，司命易而民不夭，四方歸之。禹乃克三苗而神民不違，辟土為王。**」

當代學者袁珂認為，此「人面鳥神」之神，應是句芒。

夏朝君主派了大祭司句芒，穿一身鳥羽華衣，去到三苗的根據地進行祭典，以作祈福。

《淮南子 • 天文訓》也說：「**東方，木也，其帝太白皋，其佐句芒，執規而治春。**」這即是說，句芒是輔佐太皋的官員，他是「春官」，即是掌管禮制、祭祀、曆法的官員。「執規」應是「制定政策」的意思。

《淮南子 • 時則訓》說：「**東方之極，自碣石山，過朝鮮，太白皋，句芒之所司者萬二千里。」高誘注：「太白皋、伏羲氏，東方木德之帝也；句芒，木神。**」

唐朝杜佑寫的《通典》說：「**春官、木正曰『句芒』，夏官、火正曰『祝融』，秋官、金正曰『蓐收』……**」

這即是說，不同的國家或不同的年代，用上了不同的官職名稱，有的用「春夏秋冬」等四季作官名，有的用「金木水火土」等五行作官名，換言之，春官 =木正 =句芒，因此也是「木神」。

《世本 • 作篇》說：「**伏羲臣芒氏作羅。**」同文的另一個版本則是：「**芒作網。**」這個「羅」或「網」字，指的是結繩記事的繩網。要知道，結繩記事是連字也未發明的年代，是多麼遙遠的歷史，由此可知，「句芒」這個神也已有悠久的歷史。

現時句芒的形象，是春天騎牛的牧童，頭有雙髻，手執柳鞭，亦稱「芒童」，可以在祭祀儀式和年畫中見到。

2. 高禖

《禮記 • 月令》說：「**是月也，玄鳥至。至之日，以大牢祠於高禖，天子親往。玄鳥，燕也。燕以施生時來，巢人堂宇而孚乳，嫁娶之象也。媒氏之官以為候。高辛氏之出，玄鳥遺卵，娀簡吞之而生契，後王以為媒官嘉祥，而立其祠焉。變媒為禖，神之也。**」

從這段話推論出來的信息是：

第一，「玄鳥」應是穿上了鳥衣的祭司。

第二，「高禖」也即是「句芒」的另一音譯。

這並不是說，有了「高禖」，便沒有了「句芒」。這時，「句芒」變成了「天神」，而「高禖」則是人間的祭司。

「句芒」變成了「高煤」，但兩者可同時存在，這好像有點混亂。但要知道，這兩者只是同一讀音的不同寫法而已，但以今日的文字看來，兩者卻是截然不同的名詞。

這時，「句芒」繼續是少皞氏的副神，同一篇《禮記 • 月令》有說：「**其日甲乙。其帝大皞，其神句芒。**」

至於「高禖」，則搖身變成了女性形象，漢朝地下墓室的畫像石的高禖神形象，是和嬰兒連在一起，成為了求子之神，皆因前述的那句話：「**玄鳥遺卵，娀簡吞之而生契**」。

《詩經 • 毛傳》說：「**弗，去也，去無子，求有子，古者必立郊禖焉。玄鳥至之日，乙太牢祠於郊禖，天子親往，后妃率九嬪御。乃禮天子所御，帶以弓韣，授以弓矢，於郊禖之前。**」

換言之，君主生不出兒子，也要往拜此神。《漢書 • 武五子傳》記載了漢武帝為了慶祝生下長子，甚至蓋了高禖廟：「**初，上年二十九乃得太子，甚喜，為立禖，使東方朔、枚皋作禖祝。**」

至於「高禖」的「高」字，一共有三種說法：

一是它是音譯自「句芒」的「句」，沒有特別意思。

二是按照鄭玄的孫子鄭小石同寫的《鄭志》說：「**先契之時，必自有禖氏，祓除之祀，位在於南郊，蓋以玄鳥至之日祀之矣。然其禋祀，乃於上帝也。娀簡狄吞鳳子之後，後王為媒官嘉祥，祀之以配帝，謂之『高禖』。**」

三是根據孔穎達疏的《禮記》：「**高者，尊也，謂『尊高之禖』。**」這好比日文的「御」字，是尊稱。

我指出過上古時代的「高」、「有」、「大」等字，都是尊稱，好比日語的「御」。例如說，高陽氏、高辛氏，餘此類推，高禖的「高」也應是尊稱。

這裏得解釋一下：「郊祀」在郊外的宗廟，主要是供奉並非家族祖先的神祇。換言之，「高禖」也即是「郊禖」，因為「禖」這個神祇是「郊祀」的級數。

《詩經 • 毛傳》說：「**姜嫄從帝而祠於郊媒。**」又說：「**簡狄從帝而祈於郊禖。**」姜嫄是帝嚳的正妃，簡狄則是帝嚳的次妃。這兩句話的意思，是姜嫄和簡狄均跟隨過丈夫帝嚳祭祀過高煤神。

3. 禖與媒

前引那句：「**變媒為禖，神之也。**」

「禖」字就是「媒」字，把「媒」字神化了，去「女」加「示」，變成了「禖」。但人間的祭司則仍稱為「媒」，或「媒官」。

祭司除了王室祭典之外，平時也沒有甚麼工作，很可能也會主持貴族的婚禮。正如現時的基督教堂，也會兼營婚禮。春秋時滅國無數，王室祭司失業後，卜筮和當媒人，都算是他們的專業。當他們沒有了官方祭司的地位，「媒官」淪為「媒人」。

但有人反過來説，本來是女人當的「媒」，後來把她們神聖化了，升格為「禖」。孔穎達引《世本》及三國時譙周的《古史》：「**伏犧制以儷皮嫁娶之禮，既用之配天，其尊貴先媒，當是伏犧也。『媒』字從女，今從示旁，為之示，是神明告示之義，故云『變媒為煤，神之也』。**」

4. 高禖廟

南朝時范曄寫的《後漢書 • 禮儀上》説：

晉元康中，高禖壇上石破，詔問出何經典，朝士莫知。博士束晳荅曰：「漢武帝晚得太子，始為立高禖之祠。高禖者，人之先也。故立石為主，祀以太牢。」

漢武帝晚年得子，為誌此慶，建築了一座高禖祠。這裏的「始」不知是「因此」，還是「開始」，肯定的是，早在漢朝之前，已有高禖祠。

《呂氏春秋 •禮儀志上》說：「**仲春之月，立高禖祠于城南，祀以特牲。**」《後漢書 •禮儀志上》也有說：「**仲春之月，立高禖祠于城南，祀以特牲。**」

從以上看出，祭祀高禖是在仲春時分，也即是上巳節。上巳是古時的情人節，青少年往往在此節日發生性行為，甚至是雜交，《詩經 •鄭風 •溱與洧》有以此為主題。高禖作為生子之神，其祭祀日子當然得在仲春。

1935年，聞一多發表了《高唐神女傳說之分析》：「**夏人所祀之高禖為塗山氏，即女媧；殷人所祀之高禖為簡狄；周人所祀高禖為姜嫄。**」換言之，各民族都把高禖當作是自己的女性先祖。《路史》引用西晉文學家束晢的說法：「**皋禖者，人之先也。**」

現時中國有一座高禖廟，位於山西省運城市河津市陽村鄉西南五公里的連伯村的沙峰翠林中，地面積達一萬平方米，以前稱為「皋廟」，「皋」、「高」同音，是假借。

此地是商朝和周朝時的耿國的所在地。據說，這廟是始建于夏朝，宋朝、元朝、明朝、清朝皆修葺擴建過，祭祀神靈也增加了，現時正殿中奉祀高禖女媧，左祀大禹，右典后稷。

這是把高禖和女媧視為同一神，因東漢時應劭輯錄的《風俗通義》說：「**俗說天地開闢，未有人民，女媧摶黃土**

做人。」

因她令男女結合，生兒育女，於是便成了中國史上第一個媒人。不過反正其形象既不按照女媧、也不按照高禖的歷史形象，而只是普通的民間唱大戲的藝人形象，因此也無所謂了。

正殿轎中坐神為后稷之母姜嫄，當地人民稱為「送子娘娘」。東偏殿為天神殿，奉祀「昊天上帝」，西偏殿為結義殿，奉祀三國桃園結義兄弟劉備、關羽、張飛。東廂為閻羅殿，西廂為三霄殿，趙公明的三個妹妹雲霄、碧霄、瓊霄，民間稱之「求生奶奶」、「送生奶奶」、「接生奶奶」，以及五嶽殿，奉祀五嶽諸神。

5. 高唐

戰國時的楚國有一美男子詩人，名叫「宋玉」，《維基百科》說：「宋玉的作品據《漢書・藝文志》記載有十六篇。

王逸《楚辭章句》記載《九辯》、《招魂》兩篇。《文選》記載有《風賦》、《高唐賦》、《神女賦》、《登徒子好色賦》、《對楚王問》五篇。一般認為這七篇的文學價值最高。儘管後來還有題名宋玉賦的作品出現，但是基本屬於偽作且文學價值不高。」

這其中，《高唐賦》的主題是宋玉和楚襄王站在雲夢的高山之上，望著「高唐」的景觀，見到上有雲氣，宋玉因而講出一個故事：楚國的先王曾經來過高唐，午睡時夢到一個女自稱是「巫山之女」，該楚王在夢中和此女發生了性行為，其後為此事建造了一座廟，廟名叫「朝雲」。

《高唐賦》的序如下：

昔者楚襄王與宋玉遊於雲夢之臺，望高唐之觀。其上獨有雲氣，崒兮直上，忽兮改容，須臾之間，變化無窮。王問玉曰：「此何氣也？」

玉對曰：「所謂朝雲者也。」

王曰：「何謂朝雲？」

玉曰：「昔者先王嘗遊高唐，怠而晝寢，夢見一婦人，曰：『妾巫山之女也，為高唐之客。聞君遊高唐，願薦枕席。』王因幸之。去而辭曰：『妾在巫山之陽，高丘之阻，旦為朝雲，暮為行雨。朝朝暮暮，陽臺之下。』旦朝視之如言。故為立廟，號曰『朝雲』。」

王曰：「朝雲始出，狀若何也？」

玉對曰：「其始出也，㬳兮若松榯。其少進也，晰兮若姣姬。揚袂鄣日，而望所思。忽兮改容，偈兮若駕駟馬，建

羽旗。湫兮如風，淒兮如雨。風止雨霽，雲無處所。」

王曰：「寡人方今可以遊乎？」

玉曰：「可。」

王曰：「其何如矣？」

玉曰：「高矣顯矣，臨望遠矣！廣矣普矣，萬物祖矣！上屬於天，下見於淵，珍怪奇偉，不可稱論。」

王曰：「試為寡人賦之。」

玉曰：「唯唯。」

「雲夢」指的是今日的湖北省孝感市雲夢縣，是楚國的一個大城市，曾經當過楚國的別都。所謂「別都」，即是分擔首都部分行政工作的城市，例如韓國的世宗市，中國的雄安新區。楚國歷史上有過多個別都，雲夢是其中之一。

這位「巫山之女」住在「山之陽」，即是「山的南面」。因為中國位於北半球，山的南面比較溫暖明亮，山的北面則相對陰暗，因而有此名。反之，「山之陰」就是「山的北面」。有趣的是，由於地球自轉，北半球的水向右偏轉，因此水的南面較濕、水的北面較乾，濕的南面當然比較冷，所以稱法恰恰反了過來，「水之陽」是「水的北面」，「水之陰」則是「水的南面」。

由於「巫山之女」住在山之陽，北風被山阻擋了，早上有雲，晚上下雨。楚襄王和宋玉身處的高台，正好望到早雲晚雨的景象。

郭沫若在 1931年出版的《甲骨文字研究 •釋祖妣》中說：「楚之雲夢乃楚社所在之地，其中有陽臺，有高唐觀，有巫山神女之朝雲廟，而為為雲為雨之所。『高唐』者，余謂即高媒或郊社之音變……是則楚之遊雲夢，與《月令》之祀高禖，燕之馳祖，齊之觀社，宋之祀桑林正同，故《墨子》書如彼云云也。」

換言之，「高唐」也即是「高禖廟」。不排除廟中女祝有提供性服務，古代神廟往往有此服務，例如古希臘。如果廟祝給客戶喝上迷幻的飲料，即可發生「夢中性行為」的作用。

《高唐賦》的主題是寫景，只有第一句提到了「高唐」的名字。原詩太長，以下只錄首八句：「惟高唐之大體兮，殊無物類之可儀比。巫山赫其無疇兮，道互折而曾累。登巉岩而下望兮，臨大阺之稸水。遇天雨之新霽兮，觀百穀之俱集。」

這故事另有下集，就是楚襄王聽了宋玉講述這故事，當晚居然夢見了「巫山神女」，美麗到了極點，可惜兩人並沒有發生關係。楚襄王把這故事告訴了宋玉，宋因而寫下了《神女賦》，這就是成語「巫山神女」，以及「襄王有心，神女無意」的由來。

《神女賦》的主題是描寫神女的美貌。以下只錄其序，不錄其原詩，皆因本書的主題是歷史，只記故事，不錄文學。

楚襄王與宋玉游於雲夢之浦，使玉賦高唐之事。其夜，王寢，夢與神女遇，其狀甚麗，王異之，明日以白玉。

玉曰：「其夢若何？」

王對曰：「晡夕之後，精神怳忽，若有所喜。紛紛擾擾，

未知何意。目色仿佛，乍若有記。見一婦人，狀甚奇異。寐而夢之，寤不自識。罔兮不樂，悵然失志。於是撫心定氣，複見所夢。」

玉曰：「狀何如也？」

王曰：「茂矣美矣，諸好備矣。盛矣麗矣，難測究矣。上古既無，世所未見，瑰姿瑋態，不可勝贊。其始來也，耀乎若白日初出照屋樑；其少進也，皎若明月舒其光。須臾之間，美貌橫生。曄兮如華，溫乎如瑩。五色並馳，不可殫形。詳而視之，奪人目精。其盛飾也，則羅紈綺繢盛文章，極服妙采照萬方。振繡衣，被袿裳。穠不短，纖不長，步裔裔兮曜殿堂。忽兮改容，婉若游龍乘雲翔。嫷披服，侻薄裝。沐蘭澤，含若芳。性合適，宜侍旁。順序卑，調心腸。」

王曰：「若此盛矣，試為寡人賦之。」

玉曰：「唯唯。」

按：今日重慶市東部有巫山縣，但此巫山不同彼巫山。上文的巫山指的是今日的孝感市雲夢山。宋朝祝穆編撰的《方輿勝覽》說：「陽臺山，在漢川縣南三十五里，或言宋玉作《高唐賦》處，有裴敬碑載其事。」

宋朝樂史寫的《太平寰宇記 • 淮南道》說：「陽臺廟在縣南二十五里，有陽臺山。山在漢水之陽，山形如臺。按宋玉《高唐賦》云，楚襄王遊雲夢之澤，夢神女曰：『妾在巫山之陽，高邱之阻。朝朝暮暮，陽臺之下。遂有廟焉。今誤傳在巫峽中縣。今裴敬有碑以正其由。』」

引人混淆的是，現時中國有兩個「陽臺山」，一在北京市海淀區，一在深圳市寶安區，均不是《高唐賦》和《神女賦》所述的那座。

正如聞一多在《高唐神女傳說之分析》說：女媧則是共同的高禖，夏人的高禖是塗山氏，殷人是簡狄，周人是姜嫄，楚人的高禖就是高唐神女。

高與句

1. 高禖與句芒

本文的部分內容在我寫的《共工氏》和《高禖》兩文中討論過，為免重覆，就這些部分，不寫出引文及推理過程，只寫出結論，而這些結論則是作為本文的部分前題。

第一點是，《高禖》一文說，「高禖」即是「句芒」。

此外，我引用了兩個不同版本《世本》，一是「伏羲臣芒氏作羅。」另一則是：「芒作網。」這即是說，「芒」字亦是一個獨立名字，用來稱呼「句芒」這個人。

第二點是，在《有、高、大、おお、ご》一文中，我指出「高」字是冠詞，好比後世的「大宋」、「大明」、「大清」。

如果高 =句，句是冠詞，那麼，「句芒」就是「芒」。

第三點是，《共工氏》一文說，共工氏之子「句龍」，也叫「勾龍」，皆因這兩字在古時是同一字。

2. 句吳

《史記 • 吳太伯世家》說：「**太伯之奔荊蠻，自號『句吳』。荊蠻義之，從而歸之千餘家，立為吳太伯。**」

吳太伯走到江南地區，地名就是「吳」。他因而「自號『句吳』」。很明顯，這個「句」字是尊稱，用來拔高「吳」字地位。

3. 鳩淺

無中國人不識的越王勾踐，也叫「句踐」，這是眾所公認，不必解說。1965年 12月，在湖北江陵，考古工作者在一座楚國的墓葬發掘出一柄寶劍，此長 55.7厘米，寬 4.6厘米，柄長 8.4厘米，重 875克，近劍格處有兩行鳥篆銘文：「**戉王鳩淺，自乍用鐱**」。

以下圈著的三字分別是「越」和「鳩淺」。

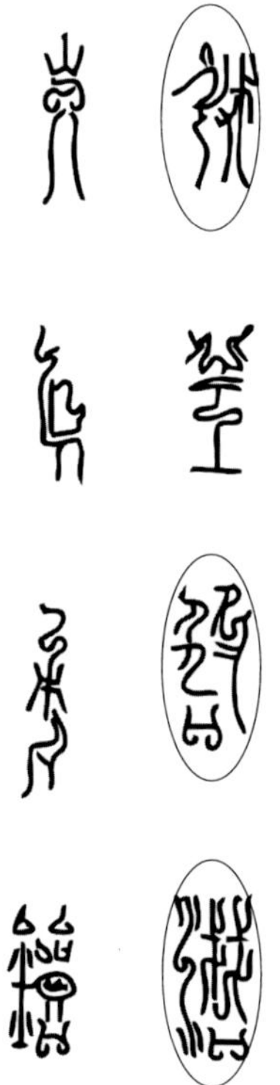

不管是「勾踐」還是「鳩淺」，相信只是越語的音譯。無論如何，既然句 =高，有句芒、句踐、高禖、高陽氏、高辛氏、高密等等，這應該是上古的部落領袖常用的尊稱。

4. 高句麗

西元前 37年至 668年，位於今日的中國的東北與朝鮮半島，有一個國家，名叫「高句麗」。《漢書 • 王莽傳》：「**莽發高句驪兵，當伐胡，不欲行，郡強迫之，皆亡出塞，因犯法為寇。**」

這個國家又「句麗」、「勾麗」、「高句驪」。《漢書 • 地理志》説：「**玄菟、樂浪，武帝時置，皆朝鮮、濊貉、句驪蠻夷。**」《舊唐書 • 音樂志四」記載了「高宗天皇大帝室奠獻用鈞天之舞一章」，歌詞是：「**高皇邁道，端拱無為。化懷獯鬻，兵戢句驪。禮尊封禪，樂盛來儀。合位媧后，同稱伏羲。**」

英文「Korea」即來自這國名。這裏正如世界的其他所有地方，不同的家族、民族在此立國，每個國家的版圖都不一樣，但不管怎樣變來變去，別人可也沒空管這些細節，英語人就只簡單的叫它為「Korea」。這正如中國儘管有不同的朝代，但英語人統統

把它們叫作「China」。

最早不遲於六世紀，中國人開始把這地方稱為「高麗」。

472年，位於高句麗南方的小國，百濟的君主寫國書給中國北魏皇帝，有一句：「**臣與高句麗源出夫餘，先世之時，篤崇舊款。其祖釗輕廢鄰好，親率士眾，陵踐臣境。**」又有一句：「**去庚辰年後，臣西界小石山北國海中見屍十餘，并得衣器鞍勒，視之非高麗之物，後聞乃是王人來降臣國。**」

換言之，在這時，「高句麗」和「高麗」兩詞並用。

到了 520年，梁武帝冊封當地高句麗國王為「寧東將軍高

麗王」，由此可知，這時它的正式中國文字國名已是「高麗」了。當然我們知道，這國家不可能無端端的改掉國名，而且還是只改了一個字，最大的可能性，就這只是同一國名的不同譯法，以當地語言的讀法則沒有改變。

高句麗國滅亡後 250年後，又有一個新國成立，雖然領土並不完全相同，王室和統治階層也不一樣，然而繼續沿稱「高麗」這名字。

5. Gjù

高 =句，高句麗 =高麗，而「高」又是冠詞，這幾條線索，應該如何去解讀呢？我的看法是，「高句」是一個雙音字。已被公認的是，古代民族有大量的雙音節，甚至是多音節的字，只是由於被中國文字的單音節方塊字所限制，框成了一個讀音。

最佳的說明是「兒」字，它沒有聲母，韻母是「er」，屬於二聲。它可以單獨作為一個音節，但與其他韻母結合時，讀音不再獨立，而是與前面的音合成一個音節，稱為「兒化音」，是輕音，例如花兒、哪兒、一古腦兒。等等。

至少從唐朝開始，已有這用法，一般相信，這是北方的少數民族來到了中國，本來是多音節，並且有輕重音的北方語言，和中國文字混合後，所得出的變種讀法。

本文不打算去考證「高句」的原始讀音是如何，只是簡單地企圖用現代語文去作說明。在現代漢語，「高」讀作「g ā o」，「句」則讀作「j ù 」。所以，如果它的讀法是「gj ù 」，則可同時譯作「高麗」、「句麗」，或「高句麗」，不過，在所有的譯法當中，又以「高麗」最為高雅。當然了，無論是「高」，或是「高句」，都是尊稱，好比「大不列顛」的英文是「Great Britain」的「Great」，也是尊稱。

6. 桂婁

《後漢書 • 東夷列傳》記載高句驪：「**凡有五族，有消奴部，絕奴部，順奴部，灌奴部，桂婁部。本消奴部為王，稍微弱，後桂婁部代之。其置官，有相加、對盧、沛者、古鄒大加、主簿、優台、使者、帛衣先人。武帝滅朝鮮，以高句驪為縣，使屬玄菟，賜鼓吹伎人。**」

「高句驪」這名字很可能即是「桂婁」。

再往上溯，十三世紀時，高麗國的國師一然和尚編撰了《三國遺事》，主體是新羅、高句麗、百濟這三國。在講到「北扶餘」的立國，其開國君主「自稱名解慕漱。生子名『扶婁』。以解為氏焉。」

這「桂婁」很可能是「解扶婁」的另一譯法，「桂婁部」就是「解扶婁」的部族。如果把「Gj ū 」音變成「Gf ù 」，就是「解扶」了，而「麗」和「婁」也本是一音。「Gf ù 」也可音譯作「夫」，「夫」字也是一個冠名尊號，如吳王「夫差」，我有專文寫這個字。

一然寫到朱蒙立國時：「**國號高句麗。因以高為氏，本姓解也。今自言是天帝子。承日光而生，故自以高為氏，時年十二歲。**」

且不說 12歲「以高為氏」的不合理性，在文中，「高」和「承日光而生」有甚麼關係呢？也許，在當時，「高」字和「日出」有著近似的意思吧。

古史密碼之舜
Shùn: A Complete Story

作　　者：周顯

出　　版：真源有限公司

地　　址：香港柴灣豐業街 12 號啟力工業中心 A 座 19 樓 9 室

電　　話：（八五二）三六二零 三一一六

發　　行：一代匯集

地　　址：香港九龍大角咀塘尾道 64 號龍駒企業大廈 10 字樓 B 及 D 室

電　　話：（八五二）二七八三 八一零二

印　　刷：美雅印刷製本有限公司

初　　版：二零二五年三月

如有破損或裝訂錯誤，請寄回本社更換。

PRINTED IN HONG KONG

ISBN：978-988-70897-2-8